賃貸トラブル
解決のプロと
弁護士が
＼こっそり／教える

賃貸トラブル解決の
手続と方法

大家さん、不動産投資家必見の１冊！

共著
CFネッツPMマネージャー
上町 洋
CFビルマネジメント
リーダー
片岡 雄介
弁護士
世戸孝司

監修
CFネッツグループCEO
倉橋隆行

プラチナ出版

はじめに

1993（平成5）年にはじめて賃貸仲介と賃貸管理業界のマニュアルを作成し、出版させていただいた。当時、この業界では画一的な業務の整備がなされておらず、某会社が印刷し、販売していた紙一枚の契約書に契約期間や賃料などを書き込んで契約していた時代だったから、賃貸トラブルの解決などできなかった。もちろん賃料の滞納などは契約書などなくてもできるわけだが、契約違反を指摘するには、契約違反の指摘ができるような条文が入っていないと、明確に契約違反をもとに不当な契約者を退去させることができず、この業務は不毛のものとなっていた。

この業界に優秀な人材を投入しても、優秀な人材であるがゆえに契約本数が増えることで、クレームやトラブルに巻き込まれる件数も多くなることが多く、他の業種に転職していってしまう。したがって優秀な人材は育てることができなかった。たまたま30歳のころに賃貸管理業務に就き、まずは一から「勉強」と称して近隣の不動産オーナーから、ありとあらゆるトラブルの解決を引き受けてその処理を行い、法的手続が必要な時には弁護士と一緒に解決していった。その際に、この業界では「必要な書式」が整備されておらず、そのおかげで解決できるものも解決できないでいるということがわかった。

入居申込書に虚偽があっても契約解除ができなかったり、契約書に契約違反を示す条文がないために契約違反者に対して契約解除ができない。そして、その処理については、誰に聞いてもわからないのであるから、若い優秀な人たちは早い段階から、この業界を離れることになってしまった。

このままでは私が引き受けた部署も、会社も、そして業界も、将来がないのではないかと危惧した結果、マニュアル集を作成して、世に出したのである。おかげ様で、4冊ほど出した後、1998（平成10）年に「賃貸トラブル110番」（にじゅういち出版）という著書を出し、さらに業務の内容や処理方法などを解説させていただいたのである。

あれから20年が経つ。その後の改訂版を期待されていたが、現在の不動産コンサルタント会社CFネッツを創設してからは、どちらかというと、私自身は経営コンサルティングや不動産投資、相続対策などの分野に身を置くことになり、この現場からは離れるようになってしまったので、実現できなかった。しかしながら、相変わらず賃貸管理業務は行っており、現実的にはシステム開発も進化し、かなりバージョンアップして業務は行われている。また、今回、共著で参加している世戸弁護士も当社の社内弁護士として活躍しており、特に賃貸トラブル関係に特化して業務にあたっているし、不動産コンサルタント養成講座でも高度な技術を伝授している。

この度、プラチナ出版の今井氏から「賃貸トラブル」については恒久的な課題であり、いまだ困られている人も多いので、ぜひ出版させてほしいとの依頼があり、本書の出版にあいなったのである。

今回は、なるべく現場で対応している者が、現場レベルでわかりやすい解説を行い、法律的な補足部分を世戸弁護士が担当した。したがって、表題は「賃貸トラブル解決の手続と方法」というものとなり、表題どおりの具体的な処理方法と具体例と併せて、入居審査の重要性なども盛り込んでいる。

今回、私は監修者として参加させていただいているが、私が現場で対応しているときと比較して、手続方法はさらに進化していることがわかり、なるほど、この手があったのかと感心させられる部分もある。

賃貸管理の仕事は、とても幅広い知識と経験が必要な業務であるが、その分、社会的な信用の度合いが高くなるスキルが身につくものである。私自身もこの業務を通じて学んだことは、現在に通じているし、やはり不動産オーナーからの信頼は絶大なものになるのである。賃貸管理業務なくして相続対策はできないし、不動産投資も建築のコンサルもできない。常に軸にあるのは、不動産運用には欠かせない賃貸管理業務の延長線上のプロパティマネジメント業務なのである。

特に、現在、オーナーも含めて、この業務を行っている人たちには、必ず役立つものだといえる。また不動産投資家の人たちにも役立つ内容だということがいえる。そして、かつての「賃貸トラブル110番」のように業界の教科書としても役立つ内容であるといえる。

ぜひ、多くの人たちに活用していただき、スキルを高めていただき、そして賃貸トラブル処理で悩まず、楽しく業務にあたっていただき、そして後継者を育てていただくことを願っている。

株式会社CFネッツ代表取締役兼CFネッツ・グループCEO

倉橋　隆行

賃貸トラブル解決のプロと弁護士がこっそり教える賃貸トラブル解決の手続と方法 目次

第2章　入居後のトラブルについて　上町 洋

目次

本文デザイン・DTP　トライアングル
イラスト　川田　あきひこ
装丁　二ノ宮　匡

第1章

なぜ、入居審査が必要なのか

上町　洋

賃貸の管理業務の流れを**図表1―1**に示しました。

賃貸物件の場合、基本的な流れとしては、空室から入居者の募集を行い、入居審査をして、その審査が通れば建物賃貸借契約をして、入居者はその物件に入居します。あまり知られていませんが、この流れのなかでも、さまざまなトラブルが生じてきます。

また、入居者が入居後においても建物や設備などのハード的なトラブル、近隣の騒音だとか鍵の紛失、ゴミ置き場の散乱、不法駐輪、不法投棄などのソフト的なトラブルが、入居中には発生します。また建物賃貸借契約を更新する場合には、更新の手続、退去するときには退去後の清算手続や原状回復手続となっていきます。これらを一つのサイクルとして繰り返していくわけですが、私が解説させていただくパートは、この四角い枠で囲った部分です。

1-1

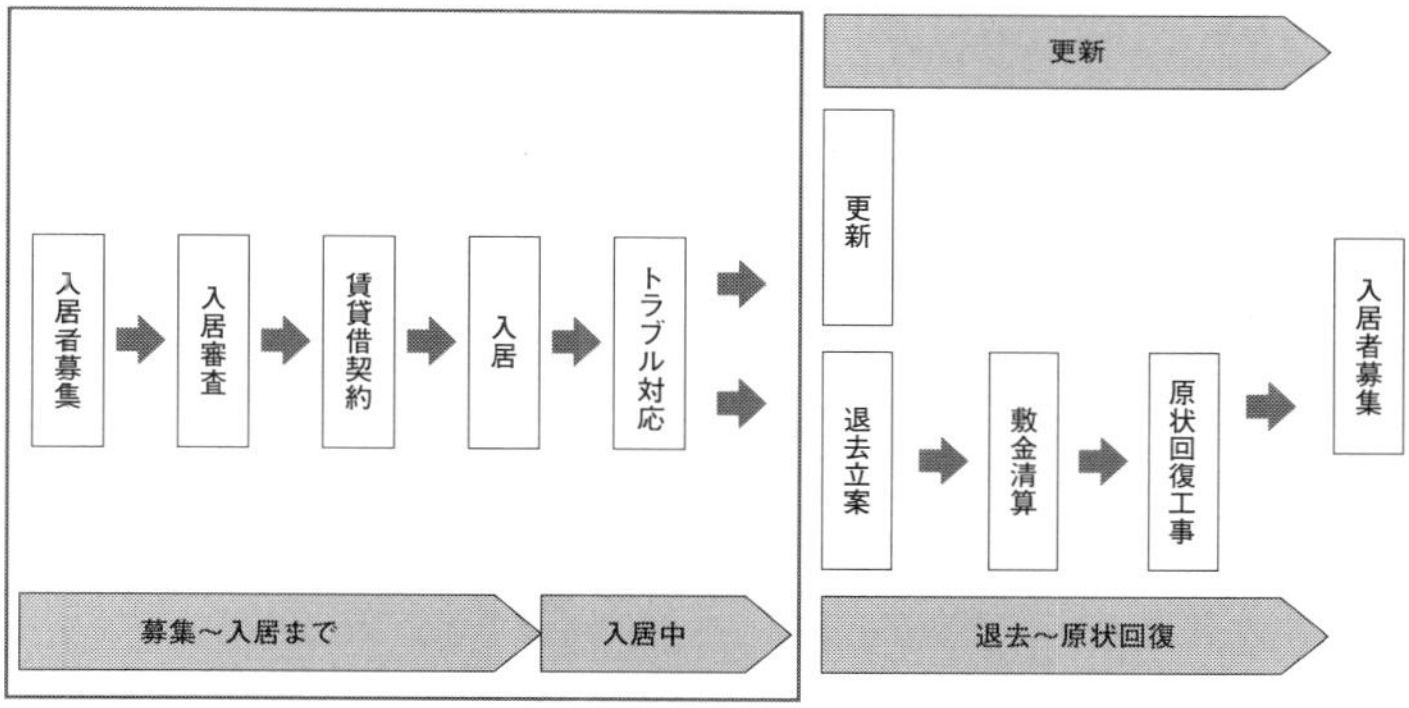

このパートでのトラブル事例

1 賃貸経営のリスク

まず、入居審査が必要な理由ですが、入居後、入居者との円満な関係を維持するためには欠かせない行為だからです。

一般的に空室が長引けば、賃貸経営は成り立ちません。オーナーの中には「とにかくお客さんを早く入れてよ！」という気持ちもわかりますが、ただ、この入居審査を怠ることで、もっと大きなリスクを抱えるということを理解しておく必要があります。

アパート・マンション等の賃貸住宅経営をしていると、さまざまなリスクが生じてきます。そのリスクの多くは入居者に起因することが多く、円満な賃貸借関係を築くには、この入居審査で円満な関係が築ける入居者であるかどうかの選別をすることが重要なのです。

さて、賃貸経営のリスクについて次に掲げます。賃貸経営には、さまざまなリスクが生じ、それらを解決するには専門的な知識と経験が必要ですが、まずは、それぞれについて説明していきます。

1 延滞・滞納リスク
2 入居者の信用リスク
3 空室リスク
4 経済情勢（金利など）の変化
5 入居者のニーズの変化
6 法律の改正
7 天災地変
8 物理的環境の変化
9 自然環境の変化
10 無管理（適正な管理がなされていない）
11 長期保有
12 建物、設備の老朽化
13 オーナー自身の不動産投資への取り組み方

①延滞・滞納リスク

入居者が賃料等を延滞する、あるいは滞納することによって見込んでいた収益が得られないというリスクです。現状の借地借家法のもとにおいては、賃料を滞納したからといって即座に退去を求めることはできません。これに対して大変な労力が必要になりますし、裁判となれば多額な費用もかかってきます。

②入居者の信用リスク

これは入居者の資質による問題がほとんどです。賃料延滞・滞納等のリスクもこの中に含まれますが、それ以外でも、変な人が入居することによって近隣トラブル等を起こし、場合によっては優良な入居者が出ていってしまうということもあります。たとえば賃料等の滞納等の場合ですと法的手続はしやすいのですが、契約違反かどうかの判断に迷うような場合ですと法的手続は難しくなります。したがって入居審査は大切なのです。

③空室リスク

これは入居者が入らないことによって家賃が入らない、収益にならない、あと、長期間空室になることによって、物件が傷んだりすることも考える必要が出てきます。そして空室が増えることによって、他の入居者も退去してしまうという悪循環に陥るリスクも考えられます。

以上この3つのリスクが一番重要だと考えています。重要度も、実は空室リスクが一番上だと思われがちですが、やはり一番多いトラブルとしては、賃料延滞・滞納リスクが一番なので、あえてこの1、2、3という順番をつけました。

④ 経済情勢の変化

これは、まず、金利の変動によって起きる問題です。景気の変動などで金利も変動します。不動産投資や土地有効活用においては、変動金利でローンを組むケースが多いと思いますが、金利が上昇すればローンの返済額は上がり、賃料が上がらなければ収益構造は悪化します。

また、景気変動によって企業の雇用関係の優劣によって現状の労働力の過不足などが生じ、二極化する人口移動なども生じてきたりします。これらによっても賃貸住宅経営の環境も変化してきます。

⑤入居者のニーズの変化

現在建てられているものと10年前のもの、20年前のもの、30年前のものを比較すると、建物はずいぶん変わってきています。30年前というと、ちょうど平成元年のころ。このころは、往々にして3点ユニットバスで、ロフト付というものが多かったです。当時はユニットバスがホテルみたいでかっこいいとして人気がありました。当時は地価が高かったため、効率を高める建築が多かったわけです。しかし最近の入居者のニーズの中では、バス・トイレ別で探されている方が全体で80％を占めているといわれています。また、２ＤＫや３ＤＫという間取りも人気はなく、むしろ同じ広さなら１ＬＤＫ、２ＬＤＫのほうが人気があります。入居者のニーズも時代の流れで変化することも考慮する必要があります。

⑥法律の改正

たとえば定期借家契約が施行されたり、賃貸住宅紛争防止条例が東京都で施行されたりとか、これによって賃貸経営に変化をもたらします。昔は原状回復費用を入居者にもたせたり、法外な敷金や礼金を受領したりしていたオーナーや不動産業者がいましたが、これらについても請求ができなくなっています。今後の賃貸経営では、法律と照らし合わせる判断が必要となってきます。

⑦ 天災地変

震災や噴火なども最近増えています。自分の持っている物件の地域に、こういった天災地変が起きたときのリスクヘッジというのもリスクの一つとして考える必要があります。

⑧ 物理的環境の変化

これは新たな道路ができたり、ショッピングセンターができたりすることで環境が良くなることもあれば、その逆の変化もある。近くのコンビニエンスストアがなくなったとか、大型のスーパーマーケットが撤退したりとか、いままでは徒歩1分で歩ける条件で募集していた物件が、いきなり不便になってしまったりと、近隣の物理的変化によっても賃貸経営は影響を受けることになります。

⑨ 自然環境の変化

これは前述した天災地変とかもそうですが、最近、ゲリラ豪雨だったり、温暖化によって夏の暑い日が続くとか、そういうものが自然環境の変化によって起きています。たとえば、お年寄りが部屋の中でエアコンをつけないで我慢して生活し、熱中症にかかって亡くなるということもあり得ます。こういった自然環境の変化も考え設備投資などもしていかなくてはなりません。

⑩ 無管理

適正な管理がなされていないということです。適正な管理というのは、建物維持管理だけではありません。たとえば、トラブルが起きたときの処理の仕方が誤っているケースもありますので、そうするとトラブルがもっと大きくなったりすることもあります。そういう部分も含めて検討しなくてはいけません。

⑪ 長期保有

長期保有目的で不動産投資物件を購入したり、アパートなどの建築をする人がほとんどだと思いますが、長期保有するということは、今から5年後、10年後の世の中よりも先の20年後、30年後にどうなっているのかという、予測を立てないとなりません。そこで保有する物件と売却する物件などを選別した戦略も必要となるかもしれません。

⑫ 建物、設備の老朽化

建物は必ず老朽化します。10年、15年で大規模修繕したり、鉄部の塗装をしたり、設備も5年、10年で故障したりします。その時にあわてることのない資金計画や定期的な修繕や補修計画が必要となります。また入居者のニーズに合った設備への変更や間取りの変更などにも費用はかかってきますので、そのために資金計画は重要となります。

⑬ オーナー自身の不動産投資への取り組み

これはオーナー自身がどういった不動産投資への取り組み方をしているのかというものも、時としてはリスクとして考えなければならないかもしれません。入居者を大事にしない、不動産業者などに無理難題を押し付ける、原状回復工事代金でもめるなど、オーナーとしての資質に欠けると賃貸経営はうまくいきません。パートナーシップが重要になります。

このように、リスクは整理するとたくさんあります。一番最初に挙げた1、2、3の賃料の延滞・滞納、入居者信用リスク、それと空室リスク。それ以外にもいろいろなことを考えていかなければならないということを、整理しておくと良いと思っています。

この他にも、地域の特性によっても、物件の特性によってもまだ付加されるリスクはあると思います。

さて、入居者信用リスクと、空室リスクの話に戻ります。

空室期間が長く、ようやく入居申し込みが入ったからと言って入居審査を怠れば、入居中のトラブルが増えて入居者信用リスクが高まります。ある意味、相反する心理状態でリスクが高まるわけです。逆に入居審査を厳しくすれば、今度は審査基準をクリアできる入居者は見つからず、さらに空室期間が増えてしまうことになります。

ではどうするかということですが、この入居者信用リスクと空室リスクでバランスをとりながら考えていく、ということになります。昔ながらのオーナーさんには、自分で賃貸管理を行い、賃貸の仲介業者さんに入居者斡旋を任せている人がいますが、賃貸の仲介業者さんは賃貸契約が成立しないと手数料にならないため、せっかく入った入居申し込みを契約に結び付けようとの心理が働き、オーナーは早く入居者に入ってもらいたいという心理が働くから契約をしてしまうということが多いのです。当社に相談に来られたオーナーさんの中には、契約はしたけれど一度も賃料の入金がなくて困っているという相談もあります。調べてみると、その入居者は、その前の賃貸住宅でも賃料の滞納をしていて建物明渡請求の訴訟を起こされて立ち退いてきた人でした。

また反社会勢力の関係者や、何か問題を起こして前の住宅を立ち退かなくてはならなかった人たちは、入居審査の厳しい会社を嫌い、入居審査がゆるい会社を狙って入居申し込みをする傾向がありますので注意が必要です。

2 賃料を滞納した場合

ここで実際に賃料を滞納されたらどのような収益になるかを解説します（図表1―2）。賃料6万3000円のマンションの一室を所有していた場合の例ですが、一番左側が「滞納無」となっています。

家賃の年間収入としては73万6000円が毎年入ってくるとします。そして管理費、修繕費、固定資産税などを差し引くと、支出が20万円あります。この物件を700万円のローン（利息3％・25年元利均等返済）で購入しているとすると、約40万円の返済になりますので、キャッシュフローベースで考えると、約15万6000円が毎年の収入となります。これが、滞納が始まり、裁判所に支払督促手続を行い、6カ月分が回収できたとします。支払督促手続の費用が5万円ぐらいかかったとすると営業純利益は12万8000円になり、キャッシュフローはマイナス27万2000円ということになります。次に滞納12カ月、つまり年間1円も賃料が入らず、建物明渡請求訴訟と強制執行をした場合、その裁判費用が60万円かかったとすると、営業純利益はマイナス80万円になります。そしてキャッ

1-2 賃料を滞納した場合

※賃料月額　￥63,000円の場合（区分）

（円）

		滞納無	滞納6カ月	滞納12カ月
収入	年間賃料	756,000	378,000	0
支出	管理費修繕積立金等	200,000	200,000	200,000
	裁判等督促費用	0	50,000	600,000
営業純利益		556,000	128,000	-800,000
	年間返済額	400,000	400,000	400,000
	年間キャッシュフロー	156,000	-272,000	-1,200,000

シュフローはマイナス１２０万円にもなってしまいます。当社の場合、社内に弁護士がいますから手続費用はこのくらいで済みますが、一般的に法的な手続を弁護士に依頼すれば、もっと費用がかかってくると思います。これを考えると、賃料の滞納は非常にリスクだということがおわかりになると思います。お金もかかって、時間もかかって、精神的にも疲れるので、こんなことなら空室のままでも良かったのではないかと考える人もいるのではないでしょうか。

先に説明したとおり、我々は日々、このような手続を行っているわけですから、入居審査の重要性を知っているわけです。

実際に現場で賃料の督促手続や強制執行などに携わっていると、最近では強制執行費用と家財等の撤去費用で40万円ぐらいかかります。これは建物明渡請求の強制執行と同時に室内にある家財等を専門の業者に保管してもらい、その後、処分してもらうためにかかる費用です。したがって、単純に引越しや家財の処分費用というものではないので、思ったより費用はかかってきます。さらに原状回復費用も賃料の滞納している人だと室内も荒れていることが多く50万円ぐらいかかったり、ユニットバスやキッチンセットも使えないとなると、ワンルームマンションでも１８０万円ぐらいかかってきます。弁護士費用も建物明渡請求訴訟の場合だと50万円ぐらいかかります。この弁護士費用というのは、建物の財産的価値によって異なるため、高額な物件であればあるほど弁護士費用も高額になります。これらを考えると、この損失を回収するのは大変な期間がかかってきてしまいます。

さらに賃貸経営には利益が出れば不動産収入に対して税金がかかってきます。この表の中では管理費修繕積立金等や裁判費用等は経費で認められ、ローン返済分の金利や減価償却費も経費で認められます。しかしあまり知られていないのが、賃料の場合、滞納があっても、賃料の収入があったものとして不動産収入の申告をしなくてはならないことです。その入居者が、その物件に住んでいる限りは賃料を滞納していても収入として計上し、建物明渡請求訴訟などして強制執行ができれば、とりあえず賃料収入はなくなったものとして認められます。しかし、そこまで滞納された賃料を損金で計上するには、その入居者である契約者が支払う能力がなくなったと認められない限り、損金で計上できないのです。つまりその契約者が破産したとか、その物件の退去後も請求をし続けたけど行方がわからなくなったとか、相応な理由がないと損金で落とせません。

そう考えると、さらに賃料等の滞納というのは空室よりも厄介だということがおわかりいただけたと思います。正直言って、やはり賃貸管理会社の滞納保証付賃貸管理システムを利用されるとこのようなことはなく、このリスクはオーナーではなく管理会社が追うことになりますので、もし副業で賃貸経営を行っているなら、多少の管理料を支払っても、総合的にみれば有利な賃貸経営ができると思います。

このような状況を理解したうえで、どのようにそのリスクを分析して、回避し、低減して、転嫁するのかということが必要です。そのためにはやはり、入居審査をすることによって、不良と思える入居者さんを事前に防いでいくのが必要になります（図表1―3）。

1-3　リスクマネジメントが必要

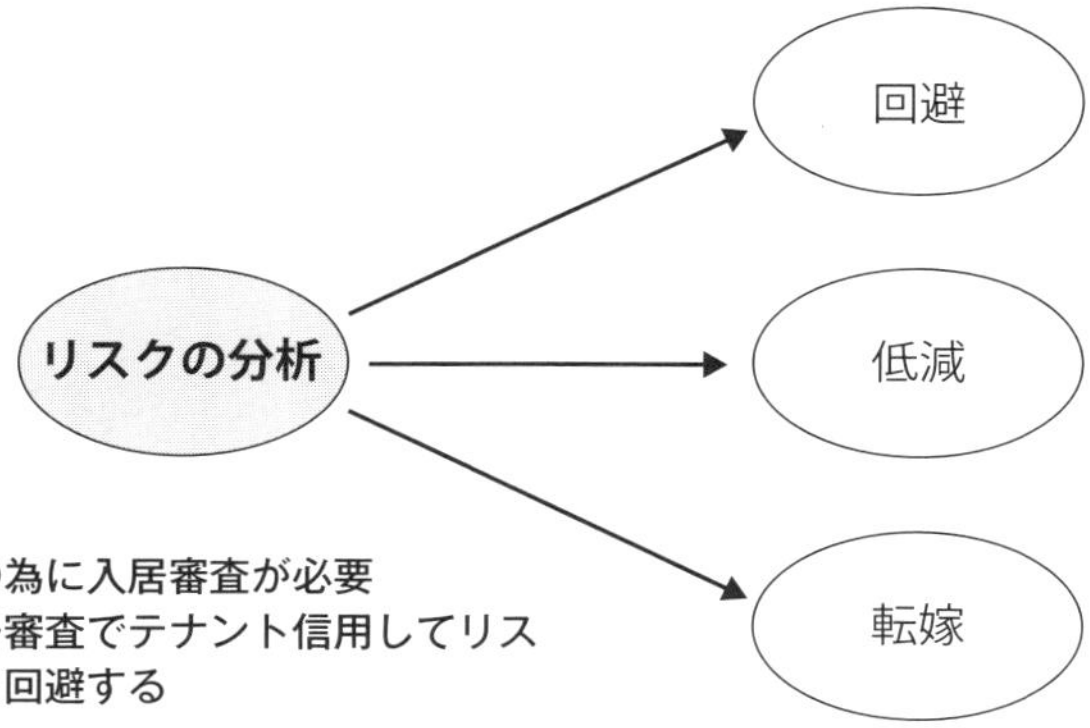

※その為に入居審査が必要
入居審査でテナント信用してリスクを回避する

3 入居審査における注意点

それでは、実際に入居審査を行っているところで、どんなところに注意したらいいのかということを説明しておきます。

① 申込規定

図表1―4は、実際に当社で使っている入居申込書ですが、左側に物件名、転居理由が書いてあって、本人の内容を書く欄です。勤務先の部分は、当社では、転職の履歴なども、勤続年数も聞いています。右側は、緊急連絡先、連帯保証人について書いてもらいます。右下のこの四角い枠で囲った部分に、当社の申込書の一番の特徴である「申込規定」というのを掲載しています。

その申込規定を細かく説明しておきます（図表1―5）。

・保証会社への加入…契約者自らが保証人をたてることを希望して申し込みをされても、その保証人では入居審査が通らないかもしれないというときに保証会社に振り替えることができるようになっています。

・火災保険への加入…どの火災保険でも構いませんが、必ず加入してもらうようにしています。これは火災等が発生して契約者に過失があった場合、すべて保険で賄えるようにすることでリスクを回避させています。

・各種書類の提出、提出書類の返却なし…審査するときに必要な書類等は提出してもらわないと審査はできませんし、たとえ審査結果がＮＧでも、その書類は返却しない旨の注意書きが書かれています。入居審査が通らないような人の中には、難癖をつけて契約に結び付けようとする人も多くいて、書類が返せないなら契約しろなどと言われない為の布石でもあります。

・個人情報の提供

・鍵交換のキャンセル費用…入居審査がＯＫになり、契約日も決まり、契約に向けて鍵を交換した後にキャンセルされた場合、鍵交換の代金を負担してもらう旨の注意書きが書かれています。

・審査ＮＧの理由の非開示…入居審査が通らなかった理由を聞いてくる人がいますが、そこでの口論や無駄な摩擦を避ける為に書かれています。

当社の場合、アセットマネージメント事業部がオーナーチェンジ（建物賃貸借契約を引き継ぐ契約）物件を当社のクライアントに購入してもらって、当社の賃貸管理会社が引き継いで管理するということが多く、その引く継ぐ建物賃貸借契約書には入居申込書の添付がないものが多いです。また、あったにしても当社の入居申込書に比べて他社の申込書は、告知項目としては全然少ないものがほとんどです。転居理由もなく、入居希望日も空欄になっていたり、申込人の署名もない。とくに転居理由がわからない、何でここに住んでいるのかという理由がわからないのは、私には理解できません。

当社では入居申込書は建物賃貸借契約書の一部であるとの位置付けにしてあります。たとえば、入居申込書は、後日、建物賃貸借契約書に添付され、万一、記載事項に不実が記載された場合、この契約は解除される、ということを申込人に説明します。仮に虚偽を記載して申込みをしようとする人等は、この時点で申込みを躊躇することになりますので、不当な入居者を事前に排除できることになります。

仲介会社		
	住所	
	会社名	印 免許番号: 担当者:
	電話番号	
	FAX番号	

管理会社		
	住所	東京都中央区銀座1-13-1 ヒューリック銀座一丁目ビル7F
	会社名	株式会社シー・エフ・ネッツ 担当:
	電話番号	03-3562-8840
	FAX番号	03-3562-8821

※ 下記申し込み欄に捺印なき場合、上記仲介会社が本申し込みに関する一切の責任を負うものとします。

緊急連絡先・連帯保証人(どちらかに○をして下さい。) 原則として近郊のご住所の方にお願いしております。

申込人との関係							
フリガナ			性別	配偶者	生年月日／年齢		
氏名			男・女	有・無	昭和・平成 年 月 日/ 歳		
フリガナ				電 話			
現住所				携 帯			
				メール			
勤務先	フリガナ			部 署			
	商号			電 話			
	所在地						
勤務形態	1. 社員 2. 派遣 3. パート・アルバイト 4. その他( )						
居住形態	□賃貸 □社宅 □親元 □自己所有 □その他( )						
連帯保証人の場合記入して下さい		勤続年数	年 ヶ月	年収	万円		

<申し込み規定>

1 契約締結時、物件によっては保証会社に加入頂きます。また。審査内容によっては保証会社の利用とともに連帯保証人を立てて頂く場合があります。

※ 物件によっては保証会社が利用出来ない場合もございます。その場合連帯保証人を立てて頂きます。

2 契約締結時に、借家人賠償保険付火災保険に加入して頂きます。

3 契約締結時までに、不動産会社指定の各種証明書類をご提出頂きます。申込後検討の結果賃貸借契約をお引受出来ない場合又は、お客様の都合によりキャンセルとなった場合、これらの書類は返却致しません。予めご了承ください。

4 個人情報について

① ご提供頂いた個人情報は以下の目的のみに使用致します。

A お申込頂いた物件に関する契約手続きの遂行 B 不動産慣例の各種情報及びサービス提供

② 必要な個人情報をご提供いただけなかった場合は、契約を締結することができません。

③ 不動産管理に関する各種ご案内の送付、不動産関連の各種情報及びサービス提供を行う為に、お客様の個人情報を㈱シー・エフ・ネッツに提供致します。

④ 業務遂行の為、個人情報の取扱を他社に委託します。

5 審査経過後に鍵の交換を行います。交換後お客様の都合によりキャンセルがあった場合、鍵交換の実費を請求させて頂きます。

6 当社では審査のお断りに関する理由は一切開示をしておりません。

7 募集図面及び募集条件が現況と異なる場合は、現況を優先とさせて頂きます。

下記に必ず申込者の署名・捺印をお願いします。また、上記に仲介業者様の記名・捺印をお願いします。

(記名捺印がない場合、申込書受付ができません。予めご了承ください。)

申込人サイン	印

1-4 実際の入居申込書

※空欄箇所が無いよう全てご記入ください(該当が無い場合は斜線又は0(ゼロ)と記入下さい)
※空欄箇所がある場合は申込受付致しません

CF Net's

㈱シー・エフ・ネッツ申込書式

・入居希望日	月	日	・ご契約希望日	月	日

物件名称		号室		礼金	ヶ月	敷金	ヶ月
賃料	円	共益費等	円	その他	円		
駐車場賃料	円	礼金 ヶ月	敷金 ヶ月	車種車色			
転居理由 (具体的に記入)							
フリガナ		性別	配偶者	生年月日/年齢			
申込者 (個人or法人) ※法人の場合代表者氏名も記入		男・女	有・無	S H 年 月 日/ 歳			
	(フリガナ) (法人の場合)代表者氏名:						
フリガナ		電話					
現住所 (所在地)	〒□□□-□□□□	携帯					
		メール					
現居住形態	□賃貸 □社宅 □親元 □自己所有 □その他( )						
居住年数	年 ヶ月	賃貸の場合現在の賃料		管理会社名			

勤務状況	フリガナ				業種	
	商号				電話	
	所在地				従業員	名
	資本金		設立	西暦 年 月	勤続	年 ヶ月
	担当業務		役職		年収	万円
勤務形態	1. 社員 2. 派遣 3. パート・アルバイト 4. その他( )					
勤務先からの賃料負担の有無 有り ・ 無し ←○して下さい。 負担額(						

職業経歴 現勤続年数が3年未満の場合は、下記事項をご記入下さい。

勤続期間	勤務先名称/住所	職務内容
年 月から 年間勤務		
年 月から 年間勤務		

入居者 入居人数全員をご記入下さい。

フリガナ 氏名	続柄	生年月日	会社名・学校名	年収	携帯電話
1					
2					
3					
4					

1/2

1-5　申込規定

・保証会社への加入…保証人希望で申し込みをされても、保証人ではダメかもしれないというときに保証会社に振り替えることができる。

・火災保険への加入…どの火災保険でも構わないが、必ず加入してもらう。

・各種書類の提出、提出書類の返却なし…審査するときに必要な書類は提出しないと通らないし、たとえ審査結果がＮＧでもその書類は返却しない旨の注意書き

・個人情報の提供

・鍵交換のキャンセル費用…審査がＯＫになり、契約日も決まり、鍵を交換した後にキャンセルされた場合、鍵交換の代金は負担してもらう旨の注意書き

・審査ＮＧの理由の非開示…何でダメだったか聞いてくる人がいるがその事前告知

②入居申込書のどこを見るか

■空白を埋めてもらう

入居申込書を見るポイント（図表1―6）ですが、まず空白は認めません。空白部分全部を埋めてもらいます。ご覧のように記載事項はすべて契約者本人であれば記載できる内容です。また連帯保証人の年収などの詳細が不明であれば、電話して聞けるはずです。そもそも、書けない人は怪しい人です。また、申込書の記入が面倒くさいなどと言う人は、賃料を支払うのも面倒くさいと思う人ですから、賃料の滞納率も高い人です。

■転居理由の確認

転居理由は非常に重要です。たとえば通勤が不便だからと書いてあるのに、引っ越したところで全然通勤時間が短縮されていなかったり、仕事の関係で帰るのが遅くなるからという理由でセカンドハウス目的で借りたいというのに緊急連絡先が奥さんじゃなかったりする場合があります。突き詰めていくと、「いや、実は…」なんて、違うことで利用しようとしていることもわかってきますが、内容によっては最初から言ってくれれば、それを考慮した形で判断するのですが、ウソをつかれてしまうと、こちら側としても何もかもがウソみたいに思えるので審査するうえでは不利になります。転居理由は、その入居者を審査するうえで重要な判断基準となります。

1-6 入居申込書を見るポイント

- 空白は認めない
- 転居理由の確認
- 入居希望の時期
- 勤続年数と職歴
- 年齢と職業
- 緊急連絡先の情報
- 連帯保証人の内容
- 添付書類のチェック

■入居希望の時期

「最短」と書く人がいます。いろんな事情があって急いで入居したいという希望は当然あるのですが、その入居時期に合理性がないと怪しいです。たとえば年末に最短で引っ越したいとかいうと、だいたい滞納で追い出されるケースが多いです。急に転勤が決まって、業務がすぐに始まるから最短で引っ越したいというのであって、その会社がちゃんとした会社なら最短の理由もわかります。また、逆に「1カ月後」とかいう先の長い申し込みも注意が必要です。こちら側が契約の準備をして待っていると契約前にキャンセルの連絡が入ったりします。つまり複数の物件に申込みを入れて一番条件の良いところを借りるわけです。この場合、先に建物賃貸借契約を先にしてもらい、賃料の発生日を交渉して決めるようにします。契約を先にすることで、キャンセルは契約解除の違約となるため、契約書に定めた違約金が発生します。その説明をして入居申し込みを取りやめるようであれば、それはしかたがないことです。この人のために1カ月近い逸失利益が生じることを考えれば、これもリスクです。単純に入居申込だけで物件の広告を止めることは危険だと考えてください。

■年齢と職業

最近、単身者の孤独死が増えています。特に高齢者の場合、連帯保証人を身近な人に頼んでもらうことを心がけています。まさに遠い親せきより近くの他人とでも言いましょうか、将来、何かがあったときに協力してくれる人が重要です。逆に若すぎる一人住まいも気を付けるようにしています。若者のたまり場になったりすると近隣からのクレームも増え、場合によっては、そのアパートなどの契約者が退去してしまうリスクがあるからです。この場合も、同じように何かがあったら協力してもらえる人を連帯保証人にしてもらう交渉をします。

また職業についても、相応な年収がとれる職種かどうかも見極めます。また年収の30%を12カ月で割った金額を超えるような賃料の物件に申込みを入れてくるような場合も、注意が必要です。

■勤続年数と職歴

これは勤続年数が短くて、職を転々としていて、さらにその職業も一貫性がなかったりするケースもあります。よくあるのが中小企業に勤続していた場合、会社契約の社宅に住んでいて、退職と同時に建物を明け渡さなければならずに物件を探すというケースがあります。この場合、転職の合理性や所得などを総合的に判断して対処ができますが、その会社の人に連帯保証人になってもらっていた物件で、連帯保証人から「連帯保証人を続けるわけにはいかないから他の物件を探してくれ」と言われて退去しなくてはならなくなったケースの場合、将来、賃料の滞納などに結びつく可能性が多いです。これらは審査する側の経験則に基づく判断になりますので、なるべく複数の人で入居審査をして判断するようにしています。

■緊急連絡先の情報

先ほども書きましたが、高齢者や若者などでは、将来何かがあったときに協力してくれる人を緊急連絡先にしてもらいます。また、外国人の緊急連絡先では、日本人の緊急連絡先を希望しています。実は、世の中には、この緊急連絡先を請け負う会社というのがあり、不当な外国人は、そこに依頼しているケースもよくあり、緊急連絡先に電話をすると全然違ったり、全く理解していなかったりする場合もありますので注意が必要です。間柄などを確認し、契約前には「ごあいさつ」と称して、一度、実際に連絡をすることをお勧めします。そこで「そんなの知らない」とか、間柄に間違いがあったら契約をしないのもリスク回避です。

■連帯保証人の内容

これは賃借人と同じように、個人の過去の履歴情報とか、反社会勢力との関わりのチェックだとか、そういったものをデーターベースでチェックします。これは有料のデーターベースなので一般的な人には閲覧が難しいかもしれませんが、官報に掲載された破産情報や過去の新聞などに記事として取りあげられた事件の当事者の情報が閲覧できるようになっています。また当社独自の過去の履歴なども確認します。実際に、当社で滞納して退去させた人が、他の業者を通じて当社の物件に申込みを入れてくるケースもありますので注意が必要です。当社の場合では過去の履歴がすべて記録されるシステムになっておりますので、氏名と生年月日である程度本人の確定ができますので、これらの過去の履歴を基に判断することになります。もちろん、過去の履歴がわかって、何らトラブルがなかったような人の場合は入居審査が通りやすくなるわけです。

■添付書類

添付書類の免許について少し説明しておきます。

図表1―7は私の免許証です。私たちが主にチェックするのは、図表で示した3カ所です。左から初めて免許を取得した都道府県が番号で記載されています。「45」は神奈川県ということを意味しています。その次の「83」というのが初めて免許を取得した年が1983年ということを示しています。

そして最後の桁が紛失により免許の再発行した回数を示しています。実はここがすごく重要なのです。再発行というのは紛失、盗難、破損等によるもので、これによって免許を再発行した回数ですから、当然、この回数が多ければ不審に思わないといけません。

1-7

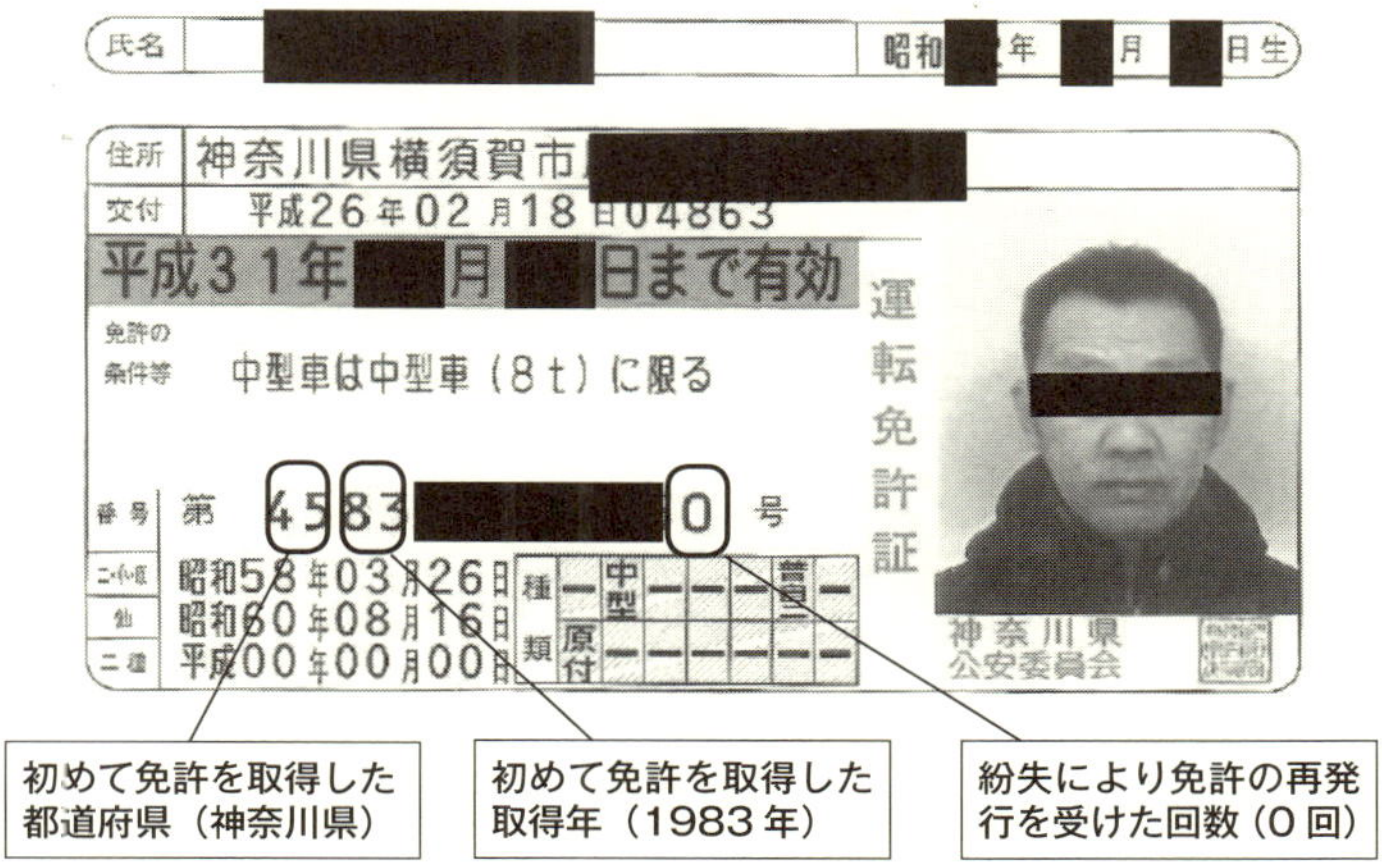
氏名 [redacted]
昭和[redacted]年[redacted]月[redacted]日生
住所 神奈川県横須賀市[redacted]
交付 平成26年02月18日04863
平成31年[redacted]月[redacted]日まで有効
免許の条件等 中型車は中型車（8t）に限る
運転免許証
番号 第 4583[redacted]0 号
二・小・原 昭和58年03月26日
他 昭和60年08月16日
二種 平成00年00月00日
種類 中型 普二 原付
神奈川県公安委員会
初めて免許を取得した都道府県（神奈川県）
初めて免許を取得した取得年（1983年）
紛失により免許の再発行を受けた回数（0回）

図表1－8は、北海道から沖縄までナンバリングされていて、こういったものを照らし合わせながらチェックします。たとえば、いま住んでいるのは東京ですが、このナンバーから判断して北海道出身者だったとします。そこで北海道で先に書いたデータベースで調べてみたら、その人と同姓同名の人が過去に詐欺事件での犯罪歴があったというときに、まずは本人かどうかの確認をします。

また運転免許証から得る情報としては、裏面の転居履歴もチェックして、その転居の整合性などを確認します。全部が全部ではないですが、さきほどのチェック項目の中に出てきたようなケースの場合には、こういったものをあわせて確認するようにしています。

さらに、免許証の住所と申込書に書かれた住所が違うときは、その場で本人に確認することが重要です。不審な場合は、本当にそこに住んでいる証明を出してもらいます。たとえば水道や光熱費の支払い伝票等でチェックができます。もちろん本人にその事情を聴くことは当然に行うことが必要です。

1-8 運転免許証の数字の意味

北海道	函館	旭川	釧路	北見
10	11	12	13	14
青森	岩手	宮城	秋田	山形
20	21	22	23	24
福島	東京	宮城	栃木	群馬
25	30	40	41	42
埼玉	千葉	神奈川	新潟	山梨
43	44	45	46	47
長野	静岡	富山	石川	福井
48	49	50	51	52
岐阜	愛知	三重	滋賀	京都
53	54	55	60	61
大阪	兵庫	奈良	和歌山	鳥取
62	63	64	65	70
島根	岡山	広島	山口	徳島
71	72	73	74	80
香川	愛媛	高知	福岡	佐賀
81	82	83	90	91
長崎	熊本	大分	宮崎	鹿児島
92	93	94	95	96
沖縄				
97				

■1～2桁
最初に免許を取得した各都道府県の番号

■3～4桁
最初に取得した免許の「取得年」を西暦の下2桁で表示
たとえば、1983年(昭和58年)に免許を初めて取得した場合は「83」
※免許の取り消しを受けた場合などは、その後新たに免許を取得した年を表示

■12桁目
紛失・盗難・破損などによって再発行した回数

【民法改正について】

「民法の一部を改正する法律」が２０１７年の5月26日に成立し、２０２０年４月１日から施行されます。

なぜ民法を改正しなければならなかったかというのは、さまざまな理由がありますが、現行民法は、今から１２０年以上も前の明治29（１８９６）年につくられた法律であり、現在では当時とは世の中の情勢も全く違うので、時代に合ったものにしようということが挙げられます。そして、今回の民法の改正で賃貸経営に関するものとしてまず挙げられるのは、次の4項目です。

１　賃貸住宅の修繕について
２　賃貸住宅が一部または全部滅失した場合の対応について
３　敷金と借主の原状回復義務について
４　連帯保証人について

この4項目以外に大きなところと致しまして、賃貸借の存続期間があります（改正民法604条）。借地借家法という法律によると、建物の賃貸借については、民法604条の規定は適用されません（借地借家法29条2項）。また、建物の所有を目的とする土地の賃貸借についても、存続期間の下限が30年とされ（借地借家法3条）、この度の改正前から賃貸借の存続期間の上限が修正されていました。しかし、建物所有を目的としない土地や動産の賃貸借については、借地借家法の適用がありません。となると、これらについては民法に民法604条が適用される結果、賃貸借の存続期間は、今まで最長20年でした。これが改正によって50年に延長されます。なぜ50年に延長されるかというと、たとえば太陽光パネルの設置を目的とする賃貸借とか、ゴルフ場の賃貸借とか、建物所有を目的としない土地の賃貸借、大型プロジェクトに置ける重機プラントの賃貸借とかについては借地借家法の適用がありませんから、民法が適用されるということになります。これらの賃貸借は、20年の賃貸借期間では短いだろうということで、50年に延長するという改正であります。

それと賃貸人の地位の移転について、不動産を譲渡すると賃貸人の地位も譲受人にある一定の要件でそのまま承継するということが、今の判例の理解であり、それを条文化しました（改正民法605条の2）。また、その賃貸人の地位を譲渡人に留保させるということができるということが、解釈上は認められていたものの、今までその条文はなかったんですが、今回の改正で条文ができました。ただ一定の要件がありまして、たとえば不動産の譲渡人が賃貸人の地位を留保する場合、譲渡人と譲受人の間に賃貸借契約を結びなさいという要件があります。そして、その賃貸借契約が解除されたら、賃借人がどうなるのかということが今まで判例で問題になっていまして、そのときに賃借人を保護するためにはどうしなさいという条文が今回できたわけです（改正民法605条の2第2項・第3項）。これについては、なかなか理論的には難しいところではあるのですが、そういう条文が新設されました。

また、たとえば不動産の賃借人が自分の占有つまり居住等を第三者に妨害された、あるいは占有を奪われたときに、賃借人の権利として妨害排除とか、返還請求とかができるのかということについて、今まで条文がありませんでした。この点、判例は、不動産の賃借権が対抗要件を備えている場合には賃借権に基づく妨害排除請求権や返還請求権を認めていましたが、今回の改正によって賃借人が自分の占有を侵害されたりした場合には、妨害排除請求権とか、返還請求権を認める旨の条文ができました。要するに、賃借人の固有の権利として第三者を排除できるという規定ができたわけです（改正民法605条の4）。

①賃貸住宅の修繕について

これは賃貸人による建物の修繕についてですが、今までは606条で、「賃貸人は、賃貸物の使用及び収益に必要な修繕をする義務を負う」というだけの規定でしたが、ここに「ただし、賃借人の責めに帰すべき事由によってその修繕が必要となったときは、この限りでない」というただし書がつきました。つまり、賃借人の帰責事由によって修繕が必要になったときは、賃貸人は直す義務はないという条文ができました。これは直す義務がないだけであって、建物はその賃貸人、所有者の資産ですので、当然、直す権利はあります。単に、直す義務はなくなったというのが明示されました。これが改正点です。

それと、先ほどは賃貸人の修繕の話でしたが、賃借人が修繕できるのかという話では、賃借人も修繕できるという条文が明記されました。つまり、賃借人が賃貸人に修繕が必要である旨を通知し、又は賃貸人がその旨を知ったにもかかわらず、賃貸人が相当の期間内に必要な修繕をしないときか、あるいは急迫の事情、つまり早く直さなければならないという事情があったときは、賃借人は修繕をすることができるという規定ができました（改正民法607条の2）。その修繕費用はどちらが払うのかということは、必要費の返還請求権という条文がありますので（民法608条1項）、修繕によって賃借人が支出した費用が民法608条1項の要件を満たせば、賃借人は賃貸人に対し、直ちに請求できます。

②賃貸住宅が一部滅失した場合の対応について

賃貸住宅の一部が壊れたときに、賃料はどうなるのかという問題があります。この点、現行法は、賃借物の一部が「滅失」したときのみを規定していたのに対し、改正民法は「滅失」のみならず「その他の理由により使用及び収益をすることができなくなった場合」として少し広がって、一部滅失だけでなく、その他の事由によって賃借物の一部が使えなくなった場合にも、賃料の減額が認められることになりました。そして今までは、賃借人が賃料の減額を請求することができるという請求権、つまり請求しないと賃料の減額が認められないということだったのですが、新法では当然に減額される、つまり、請求するしないでなく、当然に減額という条文になりました（改正民法611条1項）。

そして、賃借物の一部が滅失その他の事由により使用・収益ができなくなった場合において、残存する部分のみでは賃借人が賃借した目的を達成することができなくなった場合、今までは賃借物の一部滅失が賃借人の過失によらない場合に限って契約の解除が認められていましたが、今回の改正によって、賃借人の過失によるか、よらないのかにかかわらず、解除ができることになりました（改正民法611条2項）。要するに、賃借人が悪いかそうでないかというのは関係なく、使えない賃借物の使用・収益について契約関係を維持させておいても意味がない、ということです。ただ、賃借人の過失によって賃借物が使えなくなって解除ということになると、それは逆に賃貸人から損害賠償を請求されるということになります。要するに、解除というのは、賃借物を使えるか使えないかということが問題であって（改正民法611条1項）、そこにはもう誰の責任かということは全く関係ないので、契約は解消しよう、あとは損害賠償で解決しましょうとなったのが今回の改正です。

③ 敷金と原状回復義務について

これは、今までの判例法理を条文化したもので、実務には影響ないと思われます。敷金の定義とか、原状回復の意義、その他、通常損耗、経年劣化など、今まで国土交通省の「原状回復をめぐるトラブルとガイドライン」や、東京都の「賃貸住宅トラブル防止ガイドライン」などでご存知かと思いますが、それらが今まで明文として民法にはなかったものが明文化されました（改正民法621条、622条の2）。

④ 連帯保証人について

今まで「根保証」についての条文がありました。根保証の定義というのは、「一定の範囲に属する不特定の債務を主たる債務とする保証契約」というものです。ちょっと難しいですが、たとえば貸金の根保証、今回の不動産賃貸借の賃借人の債務の根保証が入りますが、旧法はその根保証のうちの貸金の根保証だけについての条文で、あとについては民法でいう根保証契約には入れていなかったものを、今回の改正で、不動産賃貸借の賃借人の債務の根保証も含めてすべて民法の根保証という条文に付されるということになりました。

この改正でどうなるかというと、限度額を契約書に書かなければならなくなりました。要するに、保証限度額の設定です。今まで連帯保証人にサインしていただく際、たとえば、「保証金額は300万円までです」という趣旨のことは契約書には書いてありませんでした。これからはその限度額を書かないと保証契約自体が無効になります。ただ、今回の改正で限度額を書かなければならないというのは、個人保証です。つまり、保証人が個人の方のみです。法人が保証人になるときは、この条文には当たりませんので、今までどおりの運用がされ、限度額を書く必要はありません。

なぜこういう条文にしたかというと、今まで保証金額は、いわゆる青天井でした。賃貸借契約から生じる一切の債務であれば、いくらでも保証しなければならないという条文だったところを、限度額を設定することによって、保証人を保護しましょうというのが立法趣旨です。ただ、そういう趣旨で改正したのですが、契約のときに、たとえば、「限度額500万円」と書かれると、別に500万円を保証するわけではないのに、大きな金額を目の前にすると、少し抵抗があって、契約書になかなかサインしづらいですよね。保証人になる人が「自分は本当にこの金額を保証しなければならないのか」という誤解が生じてしまうと、おそらく、個人の方は保証人になりたくなくなるんじゃないかなと思います。法律は保証人の保護のためにつくったにもかかわらず、運用としては個人の方が保証人になりたがらないのではないか。これはまだ運用していないのでわかりませんが、2020年の改正法施行後は個人の連帯保証人が減って、保証会社の連帯保証が増えるのではないかという危惧はあります。

4 保証会社を選択する

世戸先生の民法の改正についての話でも出てきましたが、今まで入居者のほとんどが初期費用を抑えたいという理由から個人の連帯保証人、たとえば親や親せきなどを連帯保証人にして契約したいという人もいました。しかし今後は、その連帯保証の限度額の提示義務などの規制から、今後は保証会社を利用するという形に少しずつ移行していくのではないかと思います。ただ、ここで注意していただきたいのは、保証会社は必ずしも万全ではありません。ずいぶん前の話ですが、某大手保証会社が破産しました。当社の管理物件でも、この会社の保証の付いた物件がたくさんありましたから、そのときに私たちも大変でした。その保証会社は倒産する数年前から資金繰りに追われ、入居審査を疎かにしてどんどんリスクの高い人たちを入れてしまいました。そして倒産し、破産してしまったのです。すると連帯保証のないリスクの高い入居者がいっぱいになり、これらの人を一つ一つ法的手続を取りながら排除していったのです。だいたいその処理に2年以上かかり、莫大な経費がかかってしまいました。

保証会社にもいろいろなリスクがありますので、その見極めが必要だと思います。私どもは、保証会社もいろいろ特色に合わせて使い分けようと考えています。高齢者・生活困窮者などに強い保証会社もありますし、外国籍入居者に特化した保証会社もあります。あとはCIC（指定信用情報機関）など、個人信用情報を調査して、カード破産者などのブラックリストをチェックする保証会社もありますので、こういったところを使い分けながら利用するようにしています。

もちろん、保証会社の財務体質も調査しています。

5 審査事例

実際にあった審査事例を、いくつかここで紹介します。

審査事例 ①

申込内容
・30代男性
・経営コンサルタント
・シェア解消&収入UPのため

これは30歳の男性で、職業は経営コンサルタント。転居の理由がシェアを解消することと、収入がアップしたことによってグレードアップしたいということでした。この人を通常どおりチェックしていきます。まず反社会データ、つまり、犯罪データベースに検索をかけます。それと破産しているかどうかというのも、データベースがありますので、それの検索をかけます。だいたいこの二つをかけることによってどちらかにひっかかれば、破産しているか、犯罪を犯しているかということになるので、OKかNGかという判断の材料にさせてもらっています。最初に申込書を見たときに、これちょっとまずいかなと思ったので、調べたところ「詐欺未遂で30の男逮捕」という3年前の新聞記事（図表1―9）があり、申込者は33歳、名前と住所が一致していましたので入居審査は通さずNGにしました。33歳で経営コンサルタント、年収は数百万円という、そこに違和感を感じました。

入居審査を繰り返し、実務を積み重ねることで勘のようなものが備わります。ちょっと怪しいと思うと、やはり問題がある人だったということは多く、これは経験を積んでいくしかないと思います。

1-9

詐欺未遂容疑で30歳の男を逮捕

2015.[redacted]新聞

[redacted]署は[redacted]日、詐欺未遂の疑いで、自称東京都[redacted]区○○、無職●●●●容疑者（30）を逮捕した。

逮捕容疑は、4月上旬から下旬にかけて、何者かと共謀し、実在する証券会社社員を名乗り、[redacted]町の80代女性宅に「あなたに当選した債権を購入できる権利が他人に移っているが、犯罪になる。息子や孫に調査が及ばないようにするため、500万円が必要」などと電話し、東京都内の指定された住所に宅配便で現金を送付させ、だまし取ろうとした疑い。

同署は●●容疑者が特殊詐欺グループの現金回収役とみて調べている。●●容疑者は「宅配便を受け取っただけだ」と容疑を否認している。同署によると、女性の息子が[redacted]日、同署に相談。同署員が、[redacted]日に東京都内の共同住宅で荷物を受け取った●●容疑者から事情を聴いた。

審査事例②

申込内容
・法人（法人契約）
・入居者は外国籍女性
・セカンドハウスとして利用

この法人は輸入とか輸出もしていますので、税関などの手続を迅速にするためにこの外国籍の入居者をそこに住まわせるそうですが、これもちょっと怪しい感じがしました。犯罪データベース、破産データベースをチェックしたのですが、そこには載ってきませんでした。まだ何かひっかかるので、もう一人の審査の担当者にこの情報を投げて調べてもらったところ、この人はインターネット上にトラブルの情報が載っていました。輸入したものの中に基準値を超える物質が含まれていて、再三注意勧告を受けているなどがインターネット上に出ていたので、この人の場合もやはりＮＧとさせてもらいました。

審査事例③

申込内容
・20代　外国籍　男性
・日本語学校学生
・転居理由は退寮

これは仲介業者が「空室詐欺」に加担していたというのがわかったので、ＮＧにしました。空室詐欺とは、いわゆる窃盗グループで、他人のクレジットカードを使用して、ネットで商品を買い、空いている部屋の鍵を開けて、そこにあたかも住んでいるかのように装い、荷物を宅配便を使って受け取って逃げるという手口です。一時期は相当数起きていました。何でその鍵の場所とかがわかるのかというと、彼らに加担する仲介業者がいるのです。物件の鍵の情報というのをネット上に載せるケースがあって、ＩＤパスワードを発行し、ネット上から鍵の番号をチェックして、その物件を案内するという仕組みがあります。

この仲介業者のインターネットの検索状況を見たら、夜中に相当数の検索をかけていました。当社で空室になっている物件すべてと言っていいほど、いくつかの業者が夜中の１

時とか2時に検索をかけていて、その中から実際にいくつかの鍵情報を引っ張って、前述したことを行っていたことが発覚しました。

この事件以降、ネット上でＩＤパスワードを発行しても鍵の場所は教えませんが、調べてみると外国籍の会社ばかりです。もちろん当社とは取引停止処分にし、他の会社も電話やファクスでのやりとりでするようにしましたからこのようなトラブルは減りました。

また当社の定期巡回スタッフが空室が長期になっていたので確認に行ったら、角部屋の出窓のところに見知らぬ外国人の女の人が座って外を見ており、「何をやっているんだ！」と部屋に入って注意をしたところ、荷物をもって黙っていたそうです。すぐに警察に連絡をして引き渡しましたが、この捕まった子は、誰かに頼まれて荷物を取りに来ただけだと主張し、どうも犯罪組織の「受け子」のようでした。

年々、このような事件が増えており、犯罪組織も手を変え品を変え様々な手口を広げているようです。

この事件は入居審査ではありませんが、空室の時の管理方法も注意を要する事例です。外国籍入居者については、第2章で後述します。

契約締結時のＮＧ事例

これは契約当日のＮＧという事例です。

> **申込内容**
> **・30代男性**
> **・職業　医師**
> **・転居理由は独立**

申込書の内容を見る限り問題ないので、契約をすることにしました。親御さんもお医者さんで、本人も医師、年収も申し分のない方でした。しかし契約に来た日、当社のスタッフが、重要事項の説明をしてから「ちょっとこの人、変ですよ」と言い出しました。理由を聞くと、「ひとりでぶつぶつぶつぶつ言って、人の話も聞かないし、何かこの人、契約したら絶対トラブりますよ」と言ってきました。そこで私がその人と会ってみると、本当に何を言っているのかまったくわかりませんでした。多分、医師というのはウソだろうと考え、その場で「申しわけありませんが、今日は契約できません。どうぞ、お引き取りください。

細かいことは後程仲介担当者のほうに聞いてください」ということにしました。早速、紹介してくれた仲介業者の担当者にその旨を伝えると、ただ「そうですか」という返事。その仲介業者の担当者もかなり変な人だとわかっていたようです。

その場で、「今日は契約できません」といって帰ってもらうケースは何回かあります。ただなかには、「申し込みもしているし、そっちもOKと言っているし、こっちも引っ越しの準備をしているんだから、今さらそんなNGなんて言われても困るよ」などと言ってくる人もいます。

当然ですが、どんなに文句や苦情を言われても契約はしません。ここで嫌な思いをして契約してしまい、後々、もっと嫌な思いをずっとすることを考えれば、契約などしないほうが良いのです。

たとえば一番困るのは、物件を見に行ったときにオーナーが立ち会って、勝手にOKしてしまうケースです。入居申込みを貰い、入居審査して絶対に入れてはいけない人なのにオーナーがOKをしたからと言って怒鳴り込んできたりします。「OKだと言われたから引越しに準備をしてしまった」とか、「すでに住んでいる物件を解約してしまった」とか言ってくるのですが、そのような場合は、本当に損害があるのであれば裁判所に申し出てくださいと言うようにしています。

【契約時のキャンセルについて】

入居審査が通ったのに、契約しなくてもいいかということですが、結論を先に申し上げると、契約しなくても構いません。入居の手続としては、まず賃借人を募集します。それを法律用語で「申込みの誘引」といいます。つまり、申込みじゃなくて、申込みを誘っているということです。入居希望者がそれを見て、「この部屋に住みたいんですけど」と意思表示をすることが申込みです。それで契約締結のときに、賃貸人側がその申込みに対して承諾をする。そこで契約が成立します。契約というのは、当事者間の意思表示の合致によって成立するので、要するに、申込みがあり、それに承諾があり、それが双方に伝わって、承諾については発信主義なので「承諾した」と言えばいいのですが、そこで契約が成立します。契約成立前は、お互い拘束力がないので、いつでもキャンセルできます。

ただ、先ほど上町さんが述べたように、「何だ、こんなに準備したのに」と、トラブルの可能性はありますが、法的には何の問題もありません。逆に、その賃借希望者が入居審査は通ったけれども、契約のときに、ちょっと他の良い物件が見つかったからと言っても、そのとき違約金を取られないはずです。ただ、不動産会社からブーブー言われるでしょう。そこはブーブー言われるのを覚悟で、それよりも良いところに住まわれたほうがいいでしょう。不動産会社としても、入居審査を通しては見たものの、これは絶対将来トラブルが起きそうだという人であれば、キャンセルしてください。

先ほどの申込みと承諾という話がありますが、たとえば、「重要事項説明前」というのであれば、契約の締結をお断りすることができます。つまり宅建業法35条1項の規定で、宅建取引士は契約が成立するまでに重要事項を説明しなければならず、重要事項を説明しない契約はあり得ません。したがいまして、重要事項を説明する前に「この入居希望者と契約をするのは、はばかられる」ということが判明すれば、宅建業法35条1項を根拠に契約締結をキャンセルするということもできます。

ここで話は変わりますが、旧法と改正法のどちらが適用されるのか、という問題があります。先ほどの民法改正のところで、たとえば、その改正は2020年4月1日から施行されますが、契約が施行日をまたいだとき、現行法と改正民法のうち、どちらの法律が適用されますか？　という質問がよくあります。これは民法改正の附則がありまして、そこに経過措置として、新法施行日前に賃貸借契約が締結された場合の契約は、従前の法律、つまり、旧法によるとなっています。ただし、賃貸借契約の締結日が改正民法施行日前であっても、改正民法施行日以後に契約の更新の合意がされる場合は、改正民法６０４条2項つまり賃貸借の期間を50年までとする改正民法の規定が適用されることになります。また、妨害排除等については、改正民法施行日前に不動産の賃貸借契約が締結された場合であっても、改正民法施行日以後に第三者が不動産の占有を妨害などした場合には、改正民法が適用され、賃借人が妨害排除請求権、返還請求権を行使できることになります。その他については２０２０年３月31日までに賃貸借契約が成立したものについては旧法が適用されます。

では、たとえば賃貸借契約の更新が２０２０年４月１日以降であれば、新法施行日以後の更新ということになりますが、更新後の契約については、旧法と改正法のうち、どちらの法律が適用される、という理屈になるのでしょう？　という質問もあります。更新といえども、契約としては変更前と同じじゃないかというのであれば、旧法が適用される、という理屈になるでしょうし、更新ということは新しい契約だろうというのであれば改正法が適用されるという理屈になるのでしょう。ただ、条文解釈としては、先ほど述べた附則で、賃貸借の期間を20年までから50年までとする改正民法604条2項については、改正民法施行日以降に契約更新の合意がされる場合は、改正法が適用されるとなっていますので、改正民法のその他の規定は、更新の場合には適用されない、と理解するのが条文の解釈という観点からは素直ではないのかな、と考えます。

第2章

入居後のトラブルについて

上町 洋

1　外国人が増えている背景

これまで入居前の審査のときのNGなどのケースを紹介してきましたが、ここからは入居後のトラブルとして、どんなケースがあったかを紹介していきます。

入居後のトラブル①

申込内容
・20代　男性　学生
・外国籍（東南アジア）
・転居理由　医療系専門学校へ通学するので

これは20代の男性で、東南アジアの外国籍の学生でした。医療系専門学校へ通学するということが転居理由で、ほかにその住居の近くに友だちがいるとか、今の部屋の隣の人がうるさくて勉強できる環境ではないというのが転居の理由でした。この人に関しては、国籍で本当は判断してはいけないと言われていますが、今ものすごくトラブルが増えている国の人です。この国の外国籍の人たちは、全部がそうではないとは思いますが、往々にして多いというのが業界内、同業者内でも話題になっています。

かつて、皆さんご存知だと思いますが、ほかのアジアの国籍の人たちで、1つの部屋に何十人も住んでいたというのが、一時期、トレンドとしてありましたが、それが最近はありません。おそらく、だんだん日本の文化も理解してきて、ほとんどそういうのは聞かなくなってきました。ところが、最近、この国籍の人に関しては、ワンルームに40人、これは1日に40人いるわけではなく、40人が入れ替わり立ち替わりそこを利用していたという話です。ものすごく汚く使うし、部屋の中に平気でゴミを放置します。そういうケースを経験していたので本来ならNGにしますが、たまたまこの物件に関しては、事故物件だったのです。

「事故物件」とは、その物件で自殺があったとか、殺人があったとか、最近では孤独死でしばらく放置されていたというような物件です。このような物件の場合、建物賃貸借契約前に行う重要事項説明で告知しなくてはならず、なかなか日本人は入りたがりません。

この人の場合、保証会社もOKになっているし、申込書を見る限りでは問題がないから契約を進めることになました。

ところが嫌な予感は的中しました。契約後、1回も家賃が入ってきません。訪問して確認すると契約者以外の人が数人住んでおり、「最初から違う目的で借りたんじゃないか、ひょっとすると契約したその人自体が架空なのではないか」と思えるようになってしまいました。こうなると我々管理会社は、地獄のような手続を余儀なくされます。まず、そこに住んでいる人を特定させないと、契約違反は認められても、強制執行をすることができません。いちいち抜き打ちで訪問し、いる人の名前を聞いてリストを作成しなくてはなりません。

多分、彼らはこの面倒くさい処理があって、日本の借地借家法により保護されるということを知っているようにも思え、その情報がその国の人たちに伝わっているとすれば、今後もまだまだこのようなトラブルは増えるものとみています。

ここで在留カードの偽造事件について説明しておきます（図表2―1）。だいたい3万円から5万円ぐらいで、ネットで偽造カードが売られているようです。これも捕まったのは先ほどの東南アジアの国の人ですが、この偽造カードをインターネットで入手して賃貸の物件を借りるというケースがすごく増えているそうです。

2-1 在留カード偽造

在留カード偽造、ネットで取引横行
犯罪温床の恐れも

[redacted]新聞 2018年2月2日

外国人が合法的に国内に滞在していることを証明する在留カード。その偽造カードがインターネット上などで取引されている。テロなどの犯罪の温床となる恐れもあり、「水際」での摘発が重要として、群馬県警は、外国人と接する事業者に対し「不審な点があれば相談してほしい」と呼びかけている。

昨年12月、在留カードや免許証の偽造品を使ったとして、●●人の33歳の男2人が出入国管理法違反(偽造在留カード行使)などの容疑で群馬県警に逮捕された。

現在、外国籍の人は、すごく増えています。留学生を増やそうという政府の計画もありますし、また日本の労働人口が減っていることに対しての政府の施策です。

日本の人口推移については、皆さんもよく知っているように、どんどん高齢化が進んでいて、12年後には人口が1億1500万人、40年後には8600万人にまで減ると想定されています。外国籍の人が増えている背景には、このことも多く関係しています。

あとは大学も「2018年問題」といって、日本の18歳の人口が2018年ごろから減り始め、2016年時点で定員割れが全体の4割に上る多数の私立大学が閉学等の激変期を迎える大学経営上の問題になっているそうです。学部をだんだん縮小したり、短大などもどんどんなくなっています。地方にキャンパスをつくって、設備を充実させてというのがかつての主流でしたが、今は都心で通学しやすいようなところにコンパクトにまとめていくというのがはやりのようで、どんどん大学生の数が減っていることに対して、留学生を積極的に受け入れていくという傾向があるようです。

図表2―2は留学生の推移ですが、どんどん上がっていますし、同じように**図表2―3**は外国人労働者の推移で、これも間違いなく数は増えています。

私たちが審査をしていても、30年ぐらい前は中国、韓国、フィリピン、この3国の人が全体のほとんどを占めていたそうですが、今はネパール、ミャンマー、ベトナムとか、いろいろな国の人たちに多国籍化していて、中国、韓国、フィリピンの人はどんどん少なくなってきています。

実際、申し込み受付をしていても、今までは外国籍の方でも4年制の大学に入学する人が多かったのですが、最近は日本語学校に入る方に関しても、日本語学校にいったん入って、そこから、たとえばデザインの専門学校、福祉の専門学校、スポーツの専門学校に行くなど、外国籍の学生もさまざまな動きが出ているようです。

今後、外国人を除いて賃貸経営は難しくなるわけですから、正当な外国人に入居してもらえる努力が必要となります。当社では外国語を話せるスタッフを採用したり、外国人向けの学生寮も経営している関係で数か国の言語に対応できるようにしています。

また最近では外国人に特化した保証会社も増えいてきましたので、そういうネットワークを活用して外国人向けのサービスを提供しようと考えています。

2-2 留学生の推移

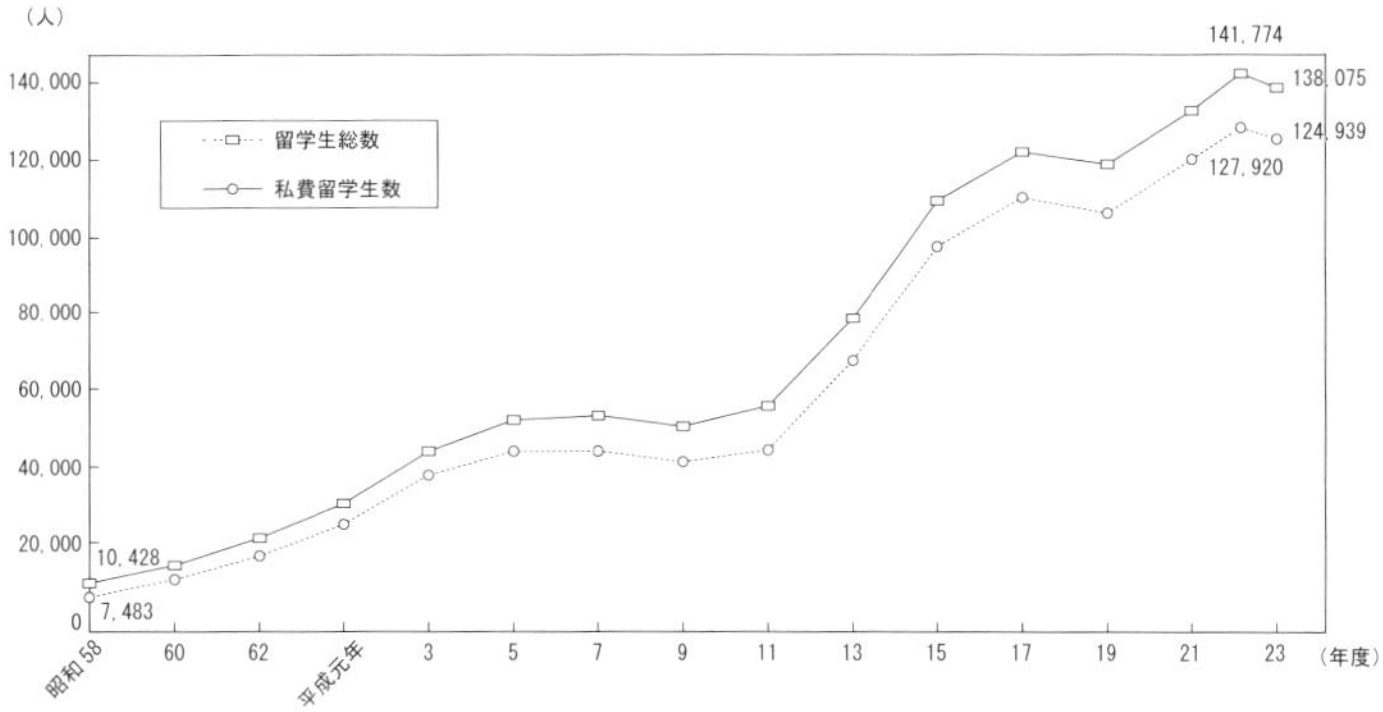

出典：文部科学省、日本学生機構調べ

2-3 外国人労働者数の推移

○我が国における直近外国人労働者数は、急速に増加し、昨年には、128 万人（対前年比 18%増）。

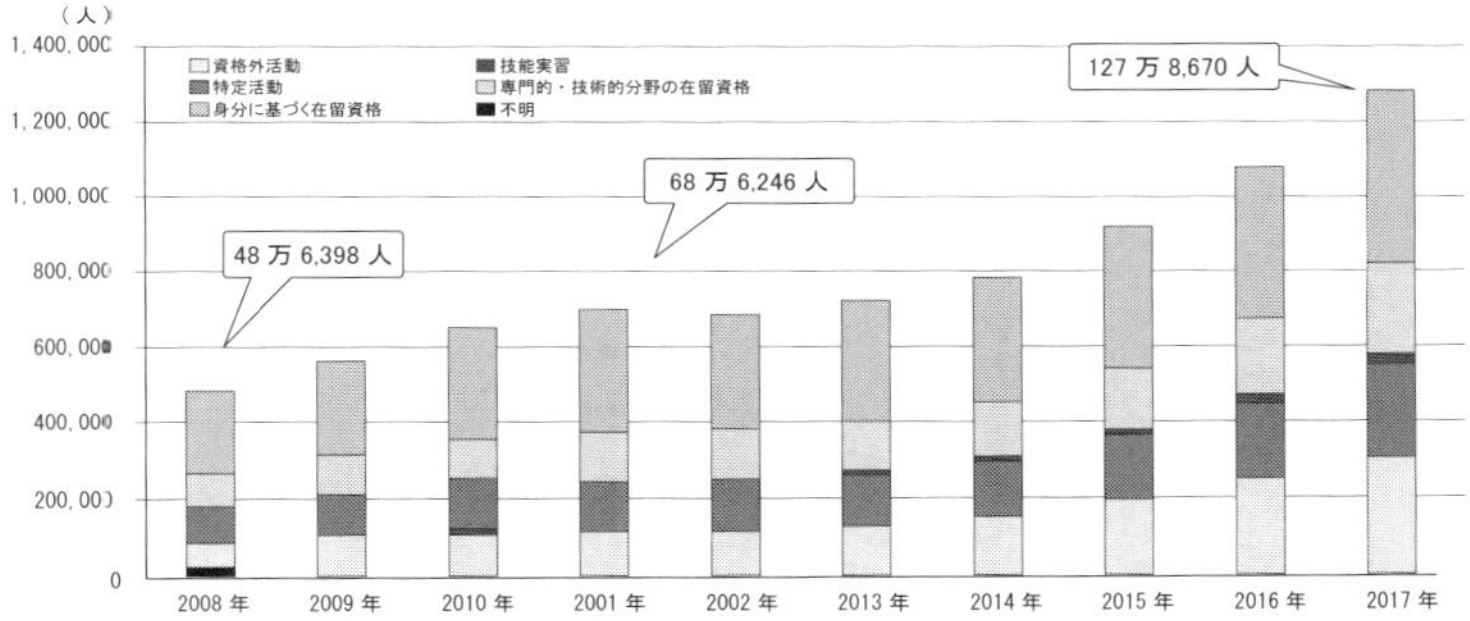

出典：厚生労働省「「外国人雇用状況」の届出状況まとめ」に基づく集計
（各年 10 月末現在の統計）

2 暴力的な入居者の注意点

入居後のトラブル②

申込内容
・40代男性　無職　日雇い

よく文句をつけて暴力を振るう人がいます。

たとえば「玄関から虫が入ってくる、壁の中に人がいる」。意味不明な言動ですが、当社のスタッフが現地に行ったところ、何かと文句をつけられて、殴られそうになって退散してきました。

「上町さん、怖いから、僕行けませんよ」

結構大柄のスタッフですが、現地に私を同行させようとします。

「上町さん、一緒に行ってくださいって」

「俺も怖いから嫌だよ」

「大丈夫ですよ。上町さん、十分怖いから」

「俺は全然怖くないよ。見かけだけだから、怖いのは」

「いや、大丈夫ですよ」

そんな会話をしながら、仕方がないので一緒に行ったところ、身長が170から173センチぐらいで、体重60から65キロぐらい。ちょっとしまった感じの、結構顔のいい40代の男性でした。何でそんなところを見るかというと、やっぱり戦ったときに勝てるかどうかというのを見なきゃいけないので、そういうのをまず見ます。

最初の「玄関から虫が入ってくる」ことについては、ポストの目張りをして、とりあえずこれで様子を見てくださいと話をして帰って来ました。

するとそれからまた連絡があって、「洗濯機の水をこぼしちゃって、床をぐしょぐしょにしちゃったから、張り替えてくれ」という連絡でした。実際、行ってみると、そんな形跡は全くなかったので、

「張り替えるのはいいけど、そのかわり、あなたの実費で張り替えることになりますよ。お金を払ってくれるのでしたら張り替えます」と言ったら、

「俺がやったんじゃなくて、洗濯機を設置した業者がやったから、その洗濯機を設置した業者に請求書を出すから、請求書をつくってくれ」という始末。

「張り替えもしないのに請求書なんてつくれない」ときっぱりと言いました。

最初は「何だ、おまえ、それが客に対する態度か」なんて言っていましたが、話をしているうちに意外と仲良くなってきて、今度はちょくちょく電話がかかってくるようになりました。

「上町さん、部屋に部屋があるでしょう」

何言っているの？　この人。

「人がいるんだよ」

「そんなのあるわけないでしょ」と言って、現地に行ったら、屋根裏の点検口をめくって「ほら、人がいるんだよ」と説明します。もちろん、そんなところに人はいないのですが。

これは完璧に〝薬〟だなと思いました。最初の虫も覚せい剤等の薬の幻覚症状だったんです。

「ひょっとして薬やっているんじゃない？　これから警察に行こう」

「いや、やっていない、やっていない」

「じゃ、病院へ行こう」

「いや、大丈夫、大丈夫」なんて言っていて、

「今度何かあったらすぐ警察呼ぶからな」って言って帰ってきました。一応、警察に通報しておいたほうが良かったかなとも思いましたが、この日以降、自分から退去してくれて、それで何とか事なきを得ました。

こういう人もたまにいます。当社の場合、オーナーチェンジで売買することが多く、その物件を買ってくれた新たなオーナーから委託を受けて賃貸管理を行いますので、当社で入居審査をしていない物件も多いのです。だいたい比較的条件の良い物件を取引しようとすると、こういった人が入っているケースが多く、我々は根気よくこのような対応をしているのです。

また法的な手続では、賃料の滞納なら契約違反が認められるのですが、このような人に対する契約違反はなかなか認められないものです。「屋根裏に人がいる」という不思議なことを訴えているから契約違反になるというものではなく、仮に麻薬取締法に基づいて逮捕でもされれば、信頼関係の破壊を理由に契約解除が認められるかもしれません。

また、暴力的な入居者の対応については、1人で対応しないで必ず2人以上で対応するようにしています。一応、証拠として写真や動画で記録する場合もあります。以前に別の担当者が、滞納する高齢者に殴られて警察を呼んで傷害事件にして退去させたことがありましたが、これも割が合わない仕事です。いちいち殴られながら仕事をするというのも危険な話ですから、証拠をとらえて、コツコツと法的手続を取っていくというのが我々の仕事です。

また、このような人の多くは、何らかの金銭的な要求をしてくるケースが多いので、相手にしないで断る勇気を持つというのが非常に重要です。一度応じてしまうと、さらに要求をしてきます。「本当に損害があるなら裁判所に訴えていただいて構いません」という姿勢で取り組めば、裁判所に提起されるようなことはありません。

3 ゴミ部屋

入居後のトラブル③

申込内容・30代男性

これは30代の男性の部屋で、分譲マンションの一室から火災が発生しました。消防車が5台ぐらい来ていて、無事に消火が終わりました。大隊長がきて、「ボヤでしたから大丈夫ですよ。ただ、室内が凄い汚かったですよ。見てみますか?」と言われ、「はい。見てみます」って言って中に入りました。

エアコンが溶け、照明も溶けていて（**写真2―1、2―2**）、下はこんな感じでした（**写真2―3、2―4**）。

いわゆる「ゴミ部屋」で、**写真2―3**の囲んだところが火元なのですが、タバコの不始

写真 2-1

写真 2-2

写真 2-3

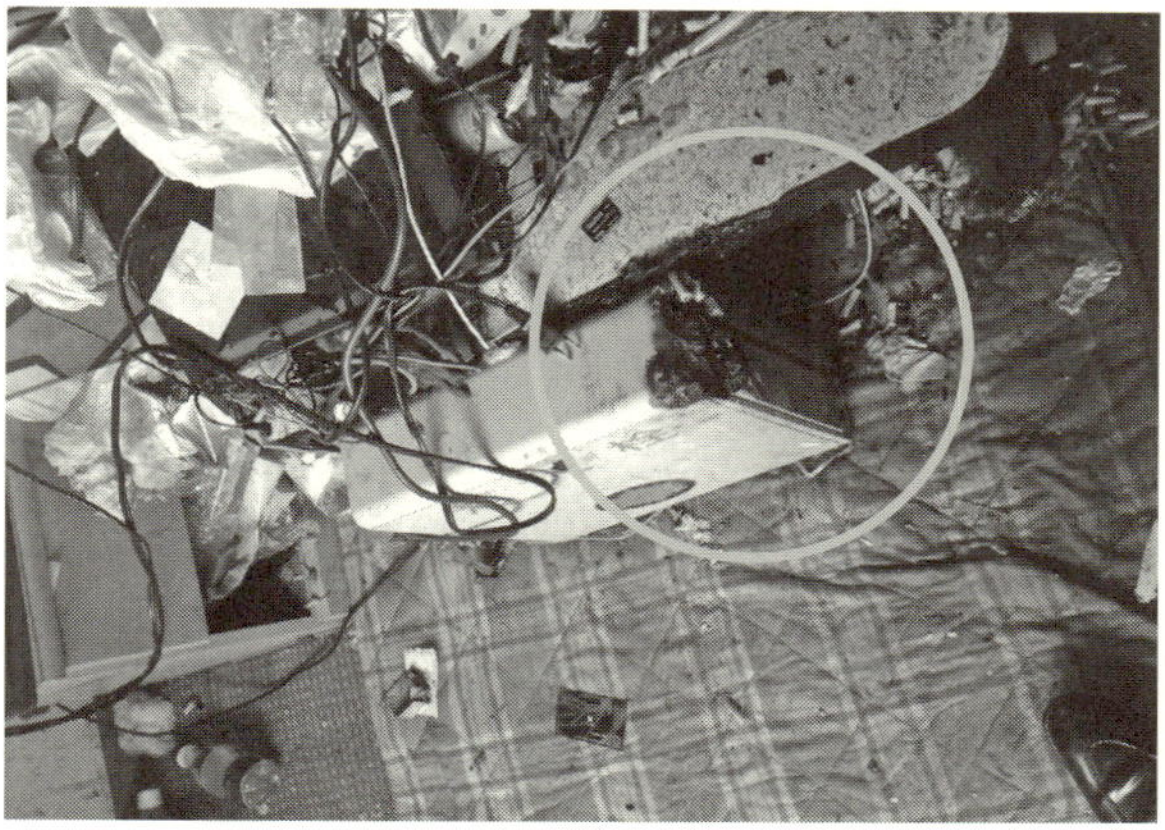

写真 2-4

末が原因だったということです。完全なゴミ部屋で、本当に凄かったです。消防署の人が消火活動で水を放水すると、普通、下のフロアに水が漏れてビシャビシャになりますが、この部屋の場合ゴミが全部水を吸ってくれたので、下の部屋に一切水が漏れずに奇跡的に被害が少なくて済みました。この入居者は火災保険に入っていませんでした。結局、オーナーが物件購入する際に火災保険に入っていたので、それでカバーしたというのが現状です。

オーナーチェンジの場合、その建物賃貸借契約に火災保険が付保されていないケースが多く、このような処理の場合、いろいろと苦労することが多いのです。

4 募集中の部屋に誰か住んでいる

入居後のトラブル④

申込内容
・20代　男性
・元会社員、現在無職
・空室募集中の部屋

これは珍しいケースですが、この部屋、当社のスタッフが現地へ行って、鍵を開けてみると、部屋の中は写真のとおり（写真2―5、2―6）、誰かが引っ越してきて普通に住んでいました。これは、ある仲介業者から連絡があり、「案内に行ったら募集中の部屋に誰か住んでいます」という電話がきっかけでした。

カーテンもついているし、パイプハンガーで服を飾っているし、ポスターみたいなのも

写真 2-5

写真 2-6

置いてあります。仕方がないので当社のスタッフが現地で張り込みをし、念のため、警察も呼んで立ち会ってもらいました。すると女性が現れ、普通に鍵を開けて入って行ったので、取り押さえました。

事情を聴くと、「彼が『引っ越ししたので遊びに来てくれ』って言うんで、合鍵をもらって来ました」ということでした。

「ところで、あなたたちこそ、いったい何なんですか?」と怒られる始末。

「この部屋、賃貸の募集中で誰にも貸していないのに、勝手にあなたが入ってきたということです。もしあなたの言うことが正しいとすれば、あなたの彼氏が勝手に住み込んじゃっているんですよ」

「そんな!」

こっちが、そんなです。

結局、調べてみると、その彼氏とは、もともとこの物件に入居申し込みをしていた会社員でした。会社をやめて転職するからという理由で申し込みを入れてきた人で、入居審査でNG、契約のお断りをした人でした。そんな関係でこの物件の再募集していましたが、その再募集中に合鍵が保管されている場所と暗証番号をどうやって調べたのかわかりませんが、そのカギを利用し、普通に引越しをし、彼女に引越しをしたことを伝えて合鍵を渡して招待しているのですから呆れるほかありません。警察には被害届を出すかどうかを聞かれましたが、今回は穏便に済ませるようにしてあげました。

入居申込書には、緊急連絡先である親の電話番号がありましたので、連絡をしたところ、すぐに本人から連絡があり、現場にきてもらって話をし、全部の荷物を撤去してもらい、賃料と清掃費用などを支払わせ、解決することができました。

本人は、既に引っ越すことを周囲に告げてしまった関係で、引くに引けなくなって引越しをしてしまい、改めて当社と交渉して契約をするつもりだったといっていましたが、このような実力行使的な態度の人と契約するつもりはありません。

実際に、このようなケースも見受けられるようになり、また前例で示した通りの空室物件をつかった詐欺事件も増えています。当社でも、空室物件の定期巡回の頻度を高めたり、鍵の保管や暗証番号等の情報の取り扱いには更なる注意を図るようにしています。

そして仲介業者との付き合いにも、注意をするようにしています。

問題のある会社をリストアップして共有し、取引をお断りするようにしています。

5 騒音問題の解決策

最近、非常に多くなってきたのが騒音に関するトラブルです。

入居後のトラブル⑤

これはファミリータイプの分譲マンションの一室で、「近隣から『出ていけ』と言われている」という電話があり、電話で事情を聞いてもよくわからないので現場に行きました。

その方は60代の男性で、部屋はすごくきれいに使っていますし、1人で住んでいるので生活音など苦情を言われるような方ではありませんでした。

「隣の部屋から何か書面かなにかでそうやって言われているんですか？」と聞くと、

「いや、そういうのじゃなくて、部屋にいると聞こえるんですよ」

「何が聞こえるんですか？」

「『出ていけ』って言われるのが」

「どこから聞こえるんですか？」

「隣の部屋から」

「……」

そんなもの、聞こえないだろうと思ったのですが、この方の奥様が実は何年か前に交通事故でお亡くなりになられていて、それから精神的に少し病んでいたようでした。少し被害妄想のような言動が増えて来ていて、多分、そういう声が聞こえてくるのだと思い込んでいたみたいです。

その時は、話だけ聞いて帰ってきたのですが、その後、何度も電話をかけて来てはエスカレートしてきており、このままでは自殺でもしかねないと判断し、根気よく話を聞きながら、

「隣の人も悪気があって言っているのではないみたいだから、仕方がないので新しい部屋を探しましょう」などとなだめて、引っ越しを促しました。

実際に、このようなケースは増えて来ていて、毎年、部屋で自殺する人も多くなってきています。我々としてみれば、部屋で自殺されるとオーナーに迷惑がかかるわけですから、なるべく穏便に退去を促す方法を考えます。このような人に対して強硬に出たところで良いことはありません。また立ち退き交渉をすれば、かなりの費用がかかります。場合によっては、引っ越し費用を当社でもってでも引っ越してもらうということもあるのですが、こ

の人の場合、自分で病院にも行っているし、薬も飲んで症状がそんなに悪くはなっていなかったようでしたので、

「じゃ、今度、一緒に部屋を探しましょう」という話をし、物件資料を用意して届けました。何度も物件資料を届けるうち、本人が物件を見つけて出て行ってくれました。

この処理で1年半くらいかかり大変でしたが、彼の幻聴は続いてましたし、彼自身も悩んでの相談でしたので「そんなものは聞こえない」とか、「そんな言いがかりを言うのはよしなさい」というような対応だと、さらに病気は悪化し、悪い方向に向かうしかありません。今回は、親身に相談にのりながら、彼の悩みを解消するには、その環境を変えるしかないと思いまいしたので、自らの意思で退去してもらったのです。

入居後のトラブル⑥

これもファミリータイプの分譲マンションでのトラブルです。

その入居者の息子さんが、

「上の階の人がうるさい。寝ていると電磁波があてられる」と言う苦情。電磁波は上の階の人からはあてられないと思いますが、これは精神的な疾患によるもので、不安定になると苦情の電話を入れてきます。もちろん親もわかっており、私が訪問すると平謝りで謝

ります。しかたがないので、この息子さんからの苦情は聞くだけ聞いて電話を切るようにしていました。結局、頻度が高まり、その息子さんは施設に入ることになり電話が来なくなりましたが、それまでの間、根気よく話を聞き続けました。私も子どもがおり、その親の気持ちはわかりましたから、平謝りに謝る親御さんを怒るようなことはできませんでした。この仕事をしていると、さまざまなことに出くわしますが、この二つの事例では、よく話を聞いてあげ、誰も傷つけるなく解決した事例です。

さて、騒音トラブルというのは、次の二つのパターンがあります。

1　実際にうるさいパターン
2　精神的なトラブルを抱えたパターン

実際にうるさいパターンというのは、友だちなどを呼んで騒いでしまったというような場合は、注意すれば直りますし、あまりひどい状態の場合は、警察を呼んで対処すれば解決ができます。ところが精神的なトラブルを抱えての騒音による苦情というと、なかなか解決に時間がかかります。よく「隣の家がうるさいんです」などと言ってくる人の90%以上が、その人に原因があるといわれています。したがって、このようなクレームが入った時には、まず、その人が何か精神的なトラブルを抱えているのではないかと疑ってみることにしています。まず詳細な話を聞きながら、精神的に病んでいないかどうかを確認します。どのような時に「うるさい」のか、時間的にはいつごろなのかを聞きながら、まずは「次にうるさいときに連絡をください」というように、いきなり隣近所に注意をしに行くことは避けます。こちらも事実関係が確認できないと注意はできません、というような言い方で一度、持ち帰ります。そして連絡が入り、本当にうるさいときには状況を確認して注意します。

また、一度、夜中に若者が騒いでいて注意しても直らなかったこともあります。とにかくいつも夜中なので、近隣住民の人たちも困り果てていて、管理している当社に「何とかしろ」と苦情を言ってきたケースがあります。このような場合は、その近隣の人たちに協力してもらって契約の解除をするしかありません。何月何日の何時何分ごろ、このような迷惑行為があったというメモを取ってもらうのと同時に、警察に通報してもらいます。これを何度も繰り返した結果、直らない場合は内容証明郵便で上記に事情を詳細に書いて、この行為は信頼関係の破壊であるとし、契約解除通知を出して建物明渡請求訴訟を申し立てることになります。

裁判の場合、疎明主義といって証拠を明らかにしないと契約解除が認められません。そのためには、このように根気よく、証拠を集める作業も必要となります。

また、このような場合、苦情の矛先が自分になってしまうケースがありますので、注意が必要です。たとえば、「あなたの会社が管理している物件なのだから何とかしろ」とか、「こんな入居者を入れたのはおたくの会社なのだから責任をとれ」とか言われる場合がありま す。その場合は、当社が迷惑をかけているのではなく、あくまでも加害者に責任があるということを伝え、法的手続を取って退去してもらうには、皆さんの協力が必要なのだということを伝えるようにします。これは「協力しなければ解決ができない」といっているのと同じなので、だいたいの人は協力してくれることになります。すると敵は当社ではなく、あくまでも加害者であるという意思が統一できますので、無駄なトラブルに巻き込まれなくて済むようになります。

一つ事例を紹介します。

やはりファミリータイプのマンションの一室で、オーナーチェンジで管理を引き継いだ物件でしたが、当初より変わった人が住んでいた。

賃料もしばしば遅延するし、夜中に大声で怒鳴ったりする。隣近所から、いつも苦情が絶えませんでした。この人は繁華街のスナックに勤める40代の女性で、帰宅するのは朝方の4時前後、だいたい休みが水曜日ということだったので、水曜日の夜10時ころに訪問するということが多く、毎週のように夜中の騒音と賃料の督促を行っていました。担当者がその都度注意をしにいくと、すぐに謝って低姿勢になるので、なかなか契約解除することができませんでした。こちらとしてみれば近所迷惑でもあるし、なるべく出ていってもらいたいのですが、出ていってもらう交渉をしても、なかなか応じてくれませんでした。

ところがそうこうしているうちに、だんだん様子がおかしくなってきて、「滞納家賃の取立てにいく」と大声で騒ぐようになり、手が付けられない状態になってしまいました。これは直感的に怪しいと思い、警察に通報しました。すると、案の定、覚せい剤常習者だったようです。

この物件はオーナーチェンジで引き継いだ物件ですから、契約書の内容は原則的に従来のものを継承することになります。その条文の中には近隣に迷惑となる行為は禁止事項に書かれてはいるものの、一般的にこれを証明することは難しく、これだけでは契約解除は認められにくいのです。そこで、しばしば賃料の滞納をしていましたので、わざと催告はせずにしばらく放置することにしました。その間も夜中に騒いだりして近隣からの苦情はありましたが、その騒ぐことだけを注意して3カ月以上の賃料の滞納を待ちました。

結局、この作戦が功を奏しました。内偵捜査を進めていた警察が、その部屋に強制捜査が行われ、その入居者は逮捕、身柄を拘置所に移されました。こうなるとこちらとしては、手続は進めやすくなります。拘置所の場合、内容証明郵便は必ず受けとってくれるし、夜逃げされることもありません。拘置所の住所で内容証明郵便で契約解除の通知を出し、延滞賃料の支払いと建物明渡しの訴訟を起こしました。結局、その入居者は裁判には出頭せず、裁判官に事情を説明したところ、1週間で契約解除を認める判決を出してくれ、結局、強制執行により建物の明け渡しをしてもらいました。

2-4 騒音問題の解決策

■ 被害者と加害者の見極めが難しい

■ 通報者が被害者であるとはいえない

■ 情報を収集する
（周囲へのヒアリング、客観的な判断が必要）

■ 時間がかかることと、問題は完全には解決しないことを通報者に伝える

■ 関係機関を利用する
（役所・警察・病院等）

第3章

孤独死と事故物件について

上町　洋

1 孤独死と自殺などの問題点

孤独死や自殺などは、次に掲げる4点が問題点となります。

1 原状回復
2 告知事項の期間
3 次回募集条件
4 損害賠償請求

まずは、原状回復にどれだけの費用がかかるのかということです。たとえば、中で亡くなられても、発見が短かければ部屋が汚れたりすることもそれほどありません。ただ発見されるのが、2週間、3週間経過してしまうと、腐敗することによって室内の原状回復に多額な費用がかかるということになります。場合によっては内装の下地まで交換することになりますので、思った以上に費用がかかります。また、この工事も一般的な内装工事業者が行ってくれるわけではなく、専門の業者に委託し、室内残存物の処分も併せて行うことになりますので、割高な費用を見込まなくてはなりません。

あと、告知事項の期間の問題。自然に亡くなられたケースというのは、特段告知事項ではありませんが、亡くなられてから2週間、3週間経って発見されたケースは、必ず警察に通報し、事件性がないかの判断を待ってから処理することになります。事件性があった場合は、当然告知義務があり、事件性がなかったとしても、その状態によっては告知しなくてはならないこともあります。契約者が入居し、その事実を知っていたら借りなかったというのが一つの判断基準になると思います。

次は募集条件です。中で人が死んだり、自殺したりしたときは、賃貸では貸せないのではないかと思うかもしれませんが、そんなことはありません。告知をして、賃料が安くなるなどの経済的なメリットがあれば借り手はつきます。いわゆる事故物件といわれる物件でも気にしない人もおり、通常の相場より1割とか2割減ぐらいで成約に結びついているケースが多いです。

最後は、損害賠償請求です。これが比較的難しいです。連帯保証人が付されている賃貸借契約の場合は、連帯保証人に請求することになりますが、通常の保証会社が保証する賃貸借契約の場合だと損害賠償の額について争いが起きるケースもあります。したがって最近では、このような場合をカバーする保険も出てきておりますので、このような事態を危惧するオーナーには加入していただくようにしています。

また、我々は、多くの事例で相続人等と交渉をしながら和解にもちこんで損害を支払ってもらうこともあります。

これについては、事例をもとに解説いたします。

2 事故物件事例

事故物件事例 ①

・20代男性 室内で自殺
告知事項の期間について
募集案件と成約価格
原状回復工事費用と賃料減額分の損害賠償請求について

これは20代の男性が、室内で自殺したというケースです。

この契約は、契約当時に未成年であったことから、父親が借主として契約をしました。したがって原状回復工事費用などは、この父親が全額負担していただいたのですが、この室内で自殺した事実を告知する必要のある期間は、本来、貸主が得られるべき賃料より実質的賃料が下がる分の補てんもお願いしました。最近の判例では、東京地裁において平成

13年11月に出された判断では「自殺から2年程度経過すると瑕疵とは評価できず、他者に賃貸するにあたり告知義務を負わない」とされています。この物件は大都市のシングル向け物件であり、入退居の回転が早い物件だったため、裁判所は「2年以上は瑕疵にならない」との判断をしています。しかしながら、この物件はサラリーマンの投資家が購入し、場合によっては売却する可能性もあります。その際には賃貸物件と違って、もっと長期的な告知義務が課せられ、その損失も考えられるのです。そこで、この物件の通常の賃料が6万円、告知して新たに契約した賃料が4万円でしたので2万円の差額を5年分の120万円を補てんしてもらうことで合意しました。

事故物件事例②

・40代男性　違法ドラッグによる死亡
告知事項の期間について
募集案件と成約価格
残置物撤去と原状回復工事費用

これは40代の男性で、違法ドラッグによる死亡ということで、警察に呼ばれ、現場検証に立ち会った案件です。現場検証ということだったので、そこで人が亡くなられているのかと思いましたが、もう既に搬出されていました。キャップをかぶり、手袋して、足袋をはいて、警察の人と一緒に室内に入り、「こうなっています、こうなっています」と説明を受けたあと、「この人は多分、違法ドラッグによる死亡です。断定はしませんが、机の上にドラッグが開封された状態であって、壁と床に血液が少量ついています。これは倒れて打ちつけたときにケガをしたのではないかと思います」と説明を受けました。

この物件は、発見が早かったので室内の汚損はほとんどありませんでしたが、内装はやり直し、この事実を告知し、だいたい3割減で成約しています。

残置物の撤去と原状回復費用は、地方に住む兄と連絡が取れ、連帯保証人ではないのですが、その方が負担してくれることになりました。実は私は昔、空手をやっていて、その方も同じ空手道場の流派の方でした。何気ない会話の中からすごく仲良くなり、いろいろオーナーの立場を説明して納得していただきました。

・40代女性　派遣員の孤独死

これはもう7年ぐらい前の話です。ちょうど私が当社に転職してきたばかりのとき、たまたまSR（サービスリクエスト）で、「部屋の前を通ると何か腐った臭いがするから何とかしてください」という電話が入りました。そのときのスタッフが「明日に現地のほうに行くから、そのとき確認してきます」と言っていましたが、私は何か嫌な予感がしたので、「今すぐ行ってみたほうがいいよ」と言って、夜分でしたが行ってもらいました。案の定、部屋の中で亡くなられていました。

亡くなってから少し時間が経っていたようですが、夏場でエアコンがつけっ放しの状態だったので、そんなに腐敗は進んでいませんでした。

この部屋は、いわゆるゴミ部屋でした（写真3―1、3―2）。

40代の一人暮らしの女性でしたが、派遣の仕事が切れていたらしく携帯電話のテレビを見ながら、横になって倒れていました。この物件を片付ける際、ワインの瓶が何十本も出てきたと聞いています。場合によっては、アルコール依存症だったのかもしれません。いずれにしても事件性はなかったので、室内を改修し、これもやはりこの事実を告知し、賃料を下げて新たな借主に賃貸しています。

さて、このような事故物件や死亡案件というのは、保証人や保証会社との交渉がうまく調わなかった場合は、オーナーの負担になってしまいます。事例のように相続人や身内の方が交渉に応じてくれて解決できることもありますが、相続放棄をされると相続人に対しての損害賠償請求ができないケースもあります。

特に気を付けなくてはならないのは、高齢者の一人暮らしです。さまざまな事情があって高齢者が単身者向けの住宅に引っ越してくるには、それなりの事情があったりしますから、入居審査で察知して、将来、問題が生じる可能性があるようであれば契約をお断りすることも重要です。

今回の事例では高齢者ではなく、学生であったり健常な成人でしたから入居審査で察知することは難しい事例です。年々増加する自殺や孤独死などに備えるには、やはり保証会社や保証人だけでは損害がカバーできませんので保険に入ることもお勧めします。

また管理会社でも経験則が不足していますと、これらの対応でトラブルが拡大してしまうこともあります。特に注意しなくてはならないのは、すでに部屋の中で死亡が確認されているのに、救急車を呼んでしまうと、周辺の住民に広く知れわたるばかりか、当然ですが遺体を運んでくれることはありません。警察に通報し、集合住宅なので、なるべく配慮していただきたい旨を伝えると、警察もその辺は考慮していただけることもあるのです。あとは事後処理に根気よく関係者に交渉を続けるしかないのです。

3-1	事故物件・死亡案件について

・相続放棄により、相続人の協力が得られない
　損害賠償請求もできない
・告知事項の期間や募集条件に影響を与える
・室内ダメージが大きく、原状回復工事費用負担が大きくなる
　→予防策として、「入居審査」、「少額短期保険加入」があるが、100%ではない！

写真 3-1

写真 3-2

【事故物件について】

事故物件の告示事項の期間ですが、上町さんから説明があったように、何年という基準はありません。告知事項に関していうと、基本的に自然死は告知事項ではないというのが一応の我々の理解ではありますが、ただ、競売の事例で、物件から腐乱死体が発見されたなどのようなことになると、競売についても無効になったという判例も一応ありますが、やはり自殺、他殺と自然死は違うというのが私の理解です。

「じゃ、何年ぐらい告知義務が必要ですか？」という質問も、これもまた判例もまちまちです。一応普通賃貸借契約の期間は2年が通常だと思われますので、2年を目安にするとか、1回賃借人が入れば、2人目の賃借人への告知は必要ない、という説もあります。これについて実は次の判例があります。

事故物件の入居者が、入居してすぐ退去したという事例について、その次の賃借人とか、募集についても告知義務はあるとしています。それを判例では、「極端期間」と表現しています。要するに、極度に短い期間という言葉を使っていて、どのぐらいが極端期間なのかあまりはっきりしませんが、すぐに出ていったというときは、次の募集についても告知義務があるのではないかという理解です。

それと賃貸借と売買で告知義務の期間が当然違ってきます。その理由は、判例がいうには、売買は取引金額が大きい、賃貸借についてはそれよりは金額は少ないというのと、売買については永住目的で、賃貸借については契約期間や居住期間が2年とか、何カ月など、住んでも短いだろうという理由はあげています。しかし、永住かどうかというのは、投資物件だとあまり関係ないと考えられるので、そこは判例の理由付けとしては弱いと思います。要するに、取引金額が大きいか小さいかというところで、大きいというところであれば、告知についても慎重にすべきではないかというのが、私の理解ではあります。

自殺者の相続人や連帯保証人に対する損害賠償請求についても、事故物件については、賃料全額1年相当分と、賃料半額1年相当分を請求するとか、そういう事例も多々見受けられます。ここは、先ほど申し上げたように、明確な基準がないので、請求額の確定は管理会社とオーナーさんとの判断でということになると思います。もちろん、その請求全額が裁判所によって認められるという保証はありません。

3 リスク管理

リスク管理ということで、「孤独死保険」というものがあります。

これは孤独死が起きた後の原状回復費用や造作撤去費用などをカバーしてもらうというのが主な目的です。ただ私は、すべての物件に加入を勧めているわけではありません。

当社の管理戸数がだいたい7000戸ぐらいとして、年間に室内で孤独死されるケースは、だいたい平均すると5、6件です。そうすると0・1％未満にしかなりません。もちろん前述の事例のように、予想のつかない事故もありますから、入っておいたほうが無難ではありますが、事故にあう確率は低いです。しかし生活困窮者をターゲットにしなければならないエリアで、入居者が高齢者の場合、事故にあう確率は高いので、保険加入をお勧めします。生活保護の方や年金暮らしの高齢者の場合、外部にあまりコミュニケーションをとらない人が多く、近隣に親せきや知人などがいない独居高齢者は孤独死する可能性は高いからです。したがって、そのような物件を所有するオーナーには孤独死保険に入ってもらうようにしています。

ここで、保険会社が調べた孤独死に関するデータを紹介しておきます。孤独死の平均年齢は男性60・4歳、女性59・7歳、昨年では男性59・6歳、女性57・8歳ということなので、平均年齢は下がっています。概ね60歳ぐらいの方が平均年齢となるようです（図表3―2）。

孤独死の死因の13・2％が自殺ということです（図表3―3）。特に女性はその傾向が強いというようにいわれています。女性と比較して男性のほうが長期間、死後放置されて発見されるケースが多いです。これもコミュニケーションをとる人たちが少ないからだというふうにいわれています。

真ん中の下のグラフで見ると、女性のほうが自殺の率というのが高くなっているようです。

発見までの日数は、14日以内に発見された人数が全体の46％。過半数が死後14日以降に発見されています。14日以降だと、夏場はかなり臭いが出てくるのではないかと思います。

発見者は、近隣者とか、職業上の関係者というのがあり、職業上の関係者のほうが男性は多くて、女性は近親者が多いというデータがあるようです。

どのように発見されたのかについては、隣人から部屋の窓にたくさんのハエがいると連絡が入り、中を確認したら亡くなっていた、無断欠勤したため、勤め先の社員が訪問して発見したというのが多いです。

また、私たちが現地の安否確認の依頼をされるのは、20代の人が多いです。会社の上司や親からの依頼で「連絡がつかず、心配なので確認してほしい」という要望で現地での安否確認をするのですが、私どもは管理会社の立場であり勝手に鍵を開けて室内に入ることはできませんので、必ず警察に立ち合ってもらって現地で安否確認を行います。

私どもと会社の関係者や親御さん、そして警察官立会いのもとスペアキーで開錠し、中に入ります。すると、中にいたりします。昼間なのにベッドで寝ていたりするとドキッとしますが、声掛けにより起きてきて驚いたりします。

「何で会社に来ないのですか？　みんな心配して確認に来たんですよ」と伝えると、「会社が嫌になっちゃった」とか、「ちょっと休みが続いて、行き辛くなっちゃった」とか、そんな理由で会社からの連絡が取れなくなってるケースも多いです。

また最近はスマートフォンを皆さん持っていますので、このメッセージ機能を利用して、「あなたをみんなが探しています、連絡がとれなくて困っています。連絡がなければ警察を呼んで室内に入りますが、もし見ていたら連絡ください」というメッセージを入れると、生きていれば、比較的早くメッセージが来ます。そしてメッセージが来ないと、これはまずいということになるわけです。

実際の安否確認は、このように問題がない場合が多いのですが、この安否確認によって異常が判明することもあるわけですから、私たちは怠らずに、連絡があれば根気よく安否確認を行っています。

図表3―4は、残置物の処理費用が書かれていますが、最大の損害額というのは左のほうで１４０万円。平均だと20万円ぐらいです。原状回復の費用は左側で、最大で３４０万円。平均が33万円となっていますが、支払保険額としては、残置物がマックスで50万円、原状回復費は３００万円というのが最大の支払いの保険金というふうになっているようです。

3-2 孤独死者の男女比と年齢

男女別孤独死人数と死亡時の平均年齢 (n=1,095)

項目	男性	女性	合計
人数	889 (363)	206 (77)	1,095 (440)
割合（%）	81.2 (82.5)	18.8 (17.5)	-
死亡時の平均年齢（歳）	60.4 (59.6)	59.7 (57.8)	60.3 (59.3)
平均寿命（歳）	80.7 (80.5)	87.0 (86.8)	-

( ) 内は昨年の結果

男女別死亡年齢の構成比 (n=1,095)

年齢	～29	30～39	40～49	50～59	60～69	70～79	80～	合計
男性（人）	29	58	114	160	288	184	56	889
割合（%）	3.3	6.5	12.8	18.0	32.4	20.7	6.3	100
女性（人）	19	17	26	26	47	37	34	206
割合（%）	9.2	8.3	12.6	12.6	22.8	18.0	16.5	100

3-3 孤独死者の死亡原因

死因別人数と男女別死因の構成割合

死因別人数

死因	病死	自殺	事故死	不明	合計
人数（人）	646	144	19	286	1,095
割合（%）	59.0	13.2	1.7	26.1	100

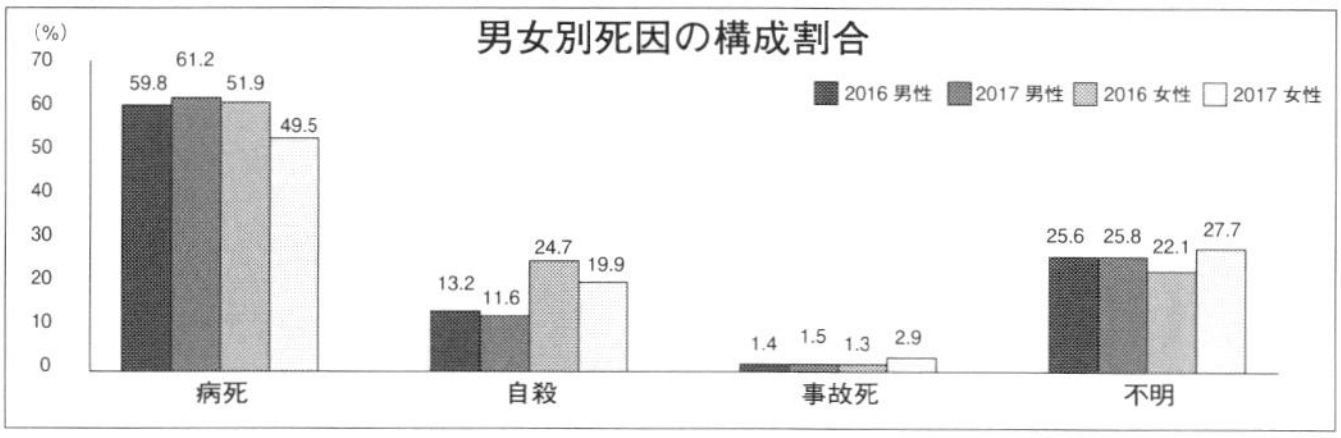

3-4 損害額と支払保険金

・残置物処理費用

平均損害額（n=566）	平均支払保険金（n=577）
￥196,436	￥185,389

最大損害額	最小損害額	最大支払保険金	最小支払保険金
￥1,463,400	￥2,984	￥500,000	￥2,984

・原状回復費用

平均損害額（n=925）	平均支払保険金（n=961）
￥338,375	￥256,496

最大損害額	最小損害額	最大支払保険金	最小支払保険金
￥3,413,744	￥14,040	￥3,000,000	￥14,040

・家賃保証費用

平均支払保険金（n=25）
￥316,760

損害額、支払保険金の平均は昨年と大きな差異は見られない。

まとめ

入居審査をすることで、契約前、そして契約後のリスクを回避することができます。年齢、性別、職業、入居する理由などを考慮し、また申込内容に虚偽がないかを添付書類等で確認をします。少しでも怪しい者については、現在の自宅を確認したり、連帯保証人や会社に連絡をして確認をしたりしますので、非常に時間がかかります。あわせて当社では、契約前の重要事項の説明書を宅地建物取引士が説明し、契約書の条文も全部読み合わせをして、不明な点もその都度説明します。入居審査、重要事項説明、そして契約内容の確認に時間をかけるのは、契約後のトラブルを回避するには有効だと考えているからです。契約者には、この建物賃貸借契約は不動産の契約であるという重要性を感じてもらい、契約に違反すると相応のペナルティがあるだけでなく、契約の解除を行うとそれなりの費用負担がかかったり、違約解除になるとさらにペナルティが発生する説明もします。このような説明をしっかりすることによって、入居者（契約者）に約束を守ることの重要性を伝えることで、賃料の滞納や契約違反などのクレームを未然に防ぐことができるわけです。

また保険についても、オーナーには時価額相当の住宅総合保険や、必要であれば孤独死保険に加入していただき、入居者には、借家人賠償保険などに加入していただきます。そうすることでさまざまなトラブルにも双方の保険を利用して対処できるようになります。

建物賃貸借契約は何らトラブルがなければ必要すらないのですが、トラブルが発生した時には、この契約内容がトラブル解決につながります。我々、オーナーチェンジの物件を新規で買ってくれたオーナーから賃貸管理業務を委託されて業務を行っているのですが、都心部でさえ、この賃貸借契約書の条文の不備によって、あるいは連帯保証人の不備によって不測のトラブルに巻き込まれることが多く、日夜、頭を悩ませながら処理を行っています。建物賃貸借契約書は、すべてが特約であり、その特約の中に契約違反が記載されていなければ、契約違反で契約の解除ができません。そのために不備な契約書は改めていかなくてはいけませんし、その地域性による契約書の条文も盛り込まなくてはいけません。

そして、その契約書には入居申込書は契約書の一部であり、入居申込書に虚偽事項が記載された場合は、契約後も契約が解除できるという特約を盛り込まなければなりません。

この章では、入居審査の重要性と入居後のトラブル、外国人入居者と孤独死について解説させていただきました。

第4章

督促訪問

片岡 雄介

1 訪問前の準備

訪問する前に、手紙や、電話で、滞納家賃の請求をしていますが、それでも全く支払がなく、連絡がとれない人に対して訪問しています。ここでは、その訪問方法について説明していきます。

訪問する前に準備するものや持っていくものが何点かあり、それを一覧にしたのが**図表4―1**です。

①デジタルカメラ、封筒、電卓、セロハンテープ

デジタルカメラは、物件現地で写真撮影をするために持っていきます。封筒は、訪問したときに不在だった場合、便箋を書いて中に入れるときに使います。電卓は、訪問対象者の方と会ったときに、「あなたは家賃を滞納していますが、現在いくら家賃を滞納していて、今これぐらいになっています」と計算するために使っています。セロハンテープは、何に使うかは後述します。

4-1 訪問前に準備するもの

1 デジカメ
2 封筒
3 電卓
4 セロハンテープ
5 単眼鏡
6 キーハンドル
7 ドライバー
8 バール
9 現況連絡書
10 便箋
11 支払計画書
12 入金履歴
13 訪問予定先一覧表（滞納状況、ポスト暗証番号、オートロック番号等を記載）

②単眼鏡、キーハンドル、ドライバー、バール

双眼鏡はよくご存知だと思いますが、単眼鏡をなぜ使うのかはこれも後述します。キーハンドルとは、メーターボックスを開けたりする特殊工具です。ドライバーとバールは、重いのでカバンには入れず、車で訪問するときに持って行きますが、これも何に使うのか後述します（写真4―1）。

③現況連絡書、便箋

現況連絡書（図表4―2）は、訪問対象者と会ったときに、相手に記入してもらいたいことがありますので、これも必要枚数を印刷して持っていきます。たとえば勤務先が変わっているとか、また電話番号が変わっているとか、他に連帯保証人の内容が変わっているとか、そういった場合がありますので、その内容を記入してもらいます。

便箋は、訪問したけれど不在だったという場合、必要な内容を書いて、封筒に入れて、投函するときに使います。

写真４-１

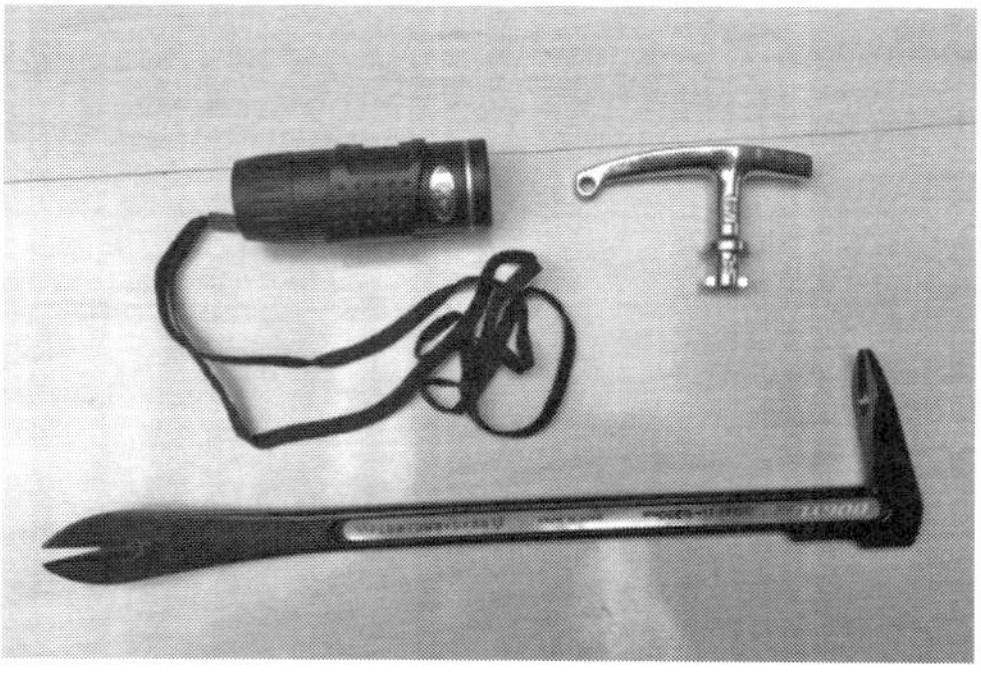

4-2

現況連絡書

現在の借主様の連絡先をお知らせください。

ご記入日：　　年　　月　　日

物　件　名	号室

借主様	フリガナ			男 女	大・昭・平　　年 月　　日生
	氏　名				
	住　所	〒			
	自宅電話			連絡の取りやすい時間帯 曜日　　時頃 曜日　　時頃	
	携帯電話				
	Mail				
	勤務先	フリガナ			
		名　称			
		所在地	〒		
		TEL			

	氏名	性別	続柄	年齢	ご連絡先
ご入居者様					

連帯保証人様	フリガナ			続柄	男 女	T・S・H　　年 月　　日生
	氏　名					
	住　所	〒				
	自宅電話			携帯電話		
	勤務先	フリガナ				
		名　称				
		所在地	〒			
		TEL				

④ 支払計画書

支払計画書（図表4―3）とは、滞納家賃の支払についての契約書ですが、記載事項は図表4―4をご覧ください。

上から順番に、建物の名称・所在や、貸主と借主の名前、月額家賃、支払方法、支払期日などを記載しています。これは、この人は誰で、どういった契約で、どの建物に住んでいるのかというのを特定するためです。もし今後、裁判所での民事訴訟手続の際に、この滞納している方と、以前こういった話でまとまりましたと主張するとき、ある程度特定した書面を取り交わしておくと、裁判所が「確かにこの人と、このアパートの滞納家賃に関して、過去にお話がありますね」と認めてくれますので、建物の名称や所在、月額家賃など、賃貸借契約に記載している内容をここに記載しておきます。

あとの箇所は空欄で、ここは実際に話がまとまったときに、「いつ支払いますか？」「なぜ支払えないんですか？」「勤務先が変わっている場合は勤務先を書いてください」「今回支払いが遅れてしまった理由は何ですか？」など、相手に記入してもらう欄です。

一番最後に相手の署名押印をもらいます。

⑤ 入金の履歴表

訪問対象者と会ったときに、たとえば「10月7日に10月分家賃として、5万円支払っているよ」といった内容のことを言われることがあります。入金の履歴表を持っていますと、「あなたが10月7日にお支払いされた5万円は、10月分家賃ではなく、9月分の家賃です。10月分の家賃はまだ支払っていませんよ」というふうに答えることができます。

また、「俺は1年前に10万円払った」「金額は覚えていないが、確か5万円くらい支払ったと思う」と言われることもあります。こういったときでも、入金の履歴表を用意していますと、実際に支払ったのかどうか、いくら支払ったのかの確認がすぐその場でできます。

⑥訪問の一覧表

週末に10件くらい訪問しますので、訪問先をリストアップして、訪問先の所在地や訪問対象者の氏名、滞納家賃、ポストの暗証番号などを記載していきます。

口座名義フリガナ：シーエフビルマネジメント

第３条　本契約に関する紛争は甲所在地を管轄する簡易裁判所を第一審の専属的合意管轄裁判所とします。

（未払理由）	（今後の支払根拠）	
	月収（固定給）	円
	月収（臨時）	円
	▲生活費	円
	▲その他支出	円
	差引収入	円

（勤務先）

勤務先名称	
勤務先住所	
勤務先電話番号	

平成　　年　　月　　日

〒２４７－００５６

賃貸人（甲）　住　所　神奈川県鎌倉市大船二丁目１９番３５号

ＣＦネッツ鎌倉ビル

氏　名　有限会社シー・エフ・ビルマネジメント

代表者　代表取締役　倉橋隆行

（本件事務担当　片岡雄介）０

ＴＥＬ

ＦＡＸ

賃借人（乙）　住　所

氏　名　㊞

ＴＥＬ

4-3

支払計画書

賃貸人有限会社シー・エフ・ビルマネジメント（以下「甲」といいます。）と賃借人＿＿＿＿（以下「乙」といいます。）は、甲乙間の下記建物賃貸借契約（以下「本契約」といいます。）につきまして、以下の内容を確認し、甲乙間で合意しました。

（本契約の目的物及び内容）

建物名称　号室
建物所在地
契約期間　平成　年　月　日から平成　年　月　日まで
賃貸人　有限会社シー・エフ・ビルマネジメント（「甲」）
賃借人　（「乙」）
月額賃料
月額賃料支払方法　毎月末日迄に翌月分を第２条記載の甲指定支払先銀行口座へ振込にて支払う

第１条　本日時点で、乙は甲に対し、本契約の平成　年　月分未払賃料　円及び平成　年　月分未払賃料　円、合計金　万　円の支払義務がありますため、甲乙間で下記の支払日と支払金額を定め、合意しました。

（支払日と支払金額）

平成　年　月　日　金　円	平成　年　月　日　金　円
平成　年　月　日　金　円	平成　年　月　日　金　円
平成　年　月　日　金　円	平成　年　月　日　金　円
平成　年　月　日　金　円	平成　年　月　日　金　円
平成　年　月　日　金　円	平成　年　月　日　金　円
平成　年　月　日　金　円	平成　年　月　日　金　円
平成　年　月　日　金　円	平成　年　月　日　金　円
平成　年　月　日　金　円	平成　年　月　日　金　円
平成　年　月　日　金　円	平成　年　月　日　金　円

第２条　乙が第１条記載の分割支払金を、下記甲指定支払先の銀行口座へ振込にて支払うことを甲乙間で合意しました。ただし、乙が上記分割支払金の支払いを怠り、その額が２回分相当額に達したときは、乙は当然に期限の利益を喪失し、第１条の未払賃料合計金　万　円から、支払済みの金額を控除した残金を、直ちに甲に対し支払います。

（甲指定支払先の銀行口座）

横浜銀行　上大岡支店　普通預金口座
口座番号：
口座名義：シー．エフ．ビルマネジメント　代表　倉橋隆行

1

4-4　支払計画書の記載事項

- 建物名称、建物所在
- 貸主と借主の氏名
- 月額家賃、家賃支払方法、家賃支払先
- 支払日と支払金額予定表（空欄）
- 今後の支払根拠（空欄）
- 勤務先情報（空欄）
- 家賃の未払理由（空欄）
- 日付、相手方の署名押印欄（空欄）

2 訪問前の現地確認

訪問先の現地に到着したときですが、インターフォンを鳴らす前に、確認する場所が大きく分けて四つあります（**図表4―5**）。

① ポスト

家賃を滞納している人の中には、**写真4―2**のように大量のチラシや、請求書などで詰まっていることもあります。初めて訪問した先で、ポストの中に滞留物がなくきれいな状況だと、「この人はそれほど大したことないな」と、ほっとしますが、写真のようなポストだと、「これは相当まずい状況だな」となります。

消費者金融会社や、カード会社からの請求書などが届いていたりしていた場合、これは当社だけの滞納家賃だけじゃなく、他の借金で首が回らないんだ、家賃

写真 4-2

4-5

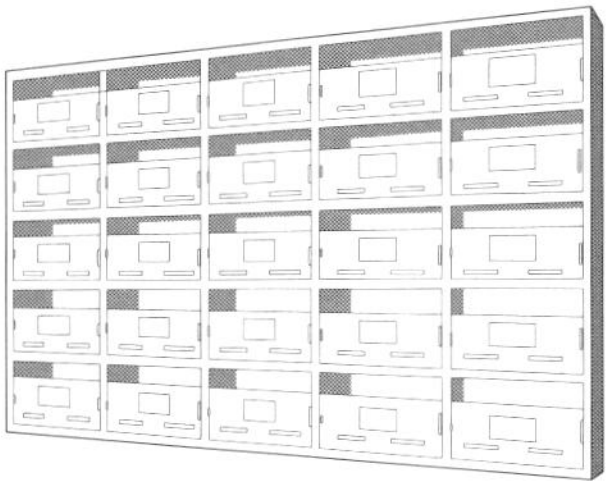

ポスト

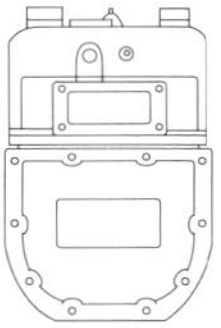

ライフライン

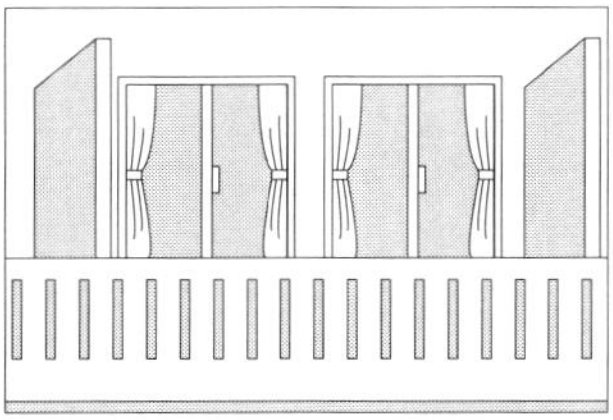

バルコニー

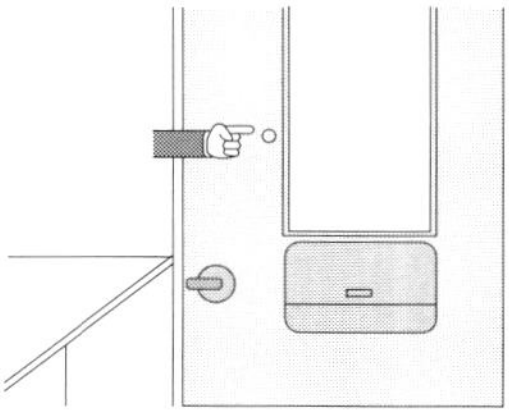

ドアスコープ

も支払えないのも納得だな、となりますので、ポストは必ず見るようにします。

「ポストの中を見ているときに、誰かに見つかったらまずいんじゃないですか？」とよく質問されますが、ポストを見ている正当な理由があれば問題ありません。

私のポストを確認しているときの理由ですが、「家賃が入ってこない、電話しても電話に出ない、手紙を送っても全く返事が来ない。実際に現地に行ってみたら、ポストにいっぱい郵便物がたまっている。これは心配だ」ということで開けていますので、もし誰かに問い質されても、「私は今こうこうこういう状況なのです。だから今ポストを開けているのです」と言えば問題ありません（はずです……）。

実際に1度、警察官に見つかったことがありまして、「あなた、何をしているんですか？」と職務質問されたことがありました。私は「こうこうこうで、心配なので、こういうふうに見ているんです」と答えましたら、「ああ、そうですか。お疲れ様です」と納得してもらいました。何かやましいと思うからダメなのです。「やましくない。俺は正しいことをしているんだ」という態度でいることが大事です。

たまに用心深い方ですと、ポストに南京錠がかかっている場合があります。南京錠がかかっているとポストが開けられません。ポストの中に郵便物が溜まっていそうなので郵便物を見てみたい、でも南京錠がかかっているため開けられない、そういうときには、先述の車に積んでいるドライバーとバールの出番です。ドラバーとバールで、ポストにかませてうまくやると郵便物が抜けます。ただこれをやるとさすがに事が大げさになるので、いざというときだけにやってください。

②ライフライン

訪問先の電気メーター、ガスメーター、水道メーターを見ます。経済的に困窮していてライフラインの料金の支払を怠っている方ですと、まず電気が停まって、その次にガスが停まって、最後は水道が停まるという順番です。水道会社は、水道は人の生命線で、最後のライフラインのため、なかなか停めません。電気は料金を支払わなければすぐ停められてしまいますが、水道が停まっていることがあれば、その人は夜逃げしているか、もしくはよほどお金に困っているかのどちらかです。

③玄関の周辺

たまに訪問先の玄関周りに、コンビニの袋や、牛乳パックなどが散乱していることがあります。また、メーターボックスの中に、ゴミを捨てていたりする状況を見ると〝この人はちょっとルーズでだらしないな〟とか、〝共用部分を清潔しないのは社会性が欠けているのかな〟とか、そういうことが推測できます。

築年数が経っているマンションの場合、旧式のメーターボックスのことがあり、メーターボックスを開けられないことがあります。そういったときは、先述のキーハンドルで開けて中を見ます。旧式のメーターボックスは、専用のハンドルでないと開かなかったりしますので、これも持っておいたほうが便利です。ホームセンターで数百円で売っています。

④バルコニー

訪問先の建物の隣に高いマンションや建物があれば、そちらのほうに回って、訪問先のバルコニーを見ます。たまにバルコニーに、ゴミなどいろいろなものを置いている人がいます。そうすると、〝この人はちょっとだらしない人なのかな〟など、推測できます。

⑤玄関ドアのドアスコープ

先述の単眼鏡の使い方として、遠くを見るほうを反対向きにして、単眼鏡をドアスコープにつけますと、ドアスコープ越しに室内がくっきり見えます。現地でインターフォンを押す前に、〝部屋からゴミの匂いがする〟とか、〝異臭がするな〟と思ったら、単眼鏡をドアスコープに当てて見ますと、室内がくっきりと見えますので、たとえば〝ここの部屋はゴミ部屋だな〟とか、〝ここの部屋はもぬけの殻で、誰も住んでいなさそうだ〟といったことがわかったりしま

写真4-3

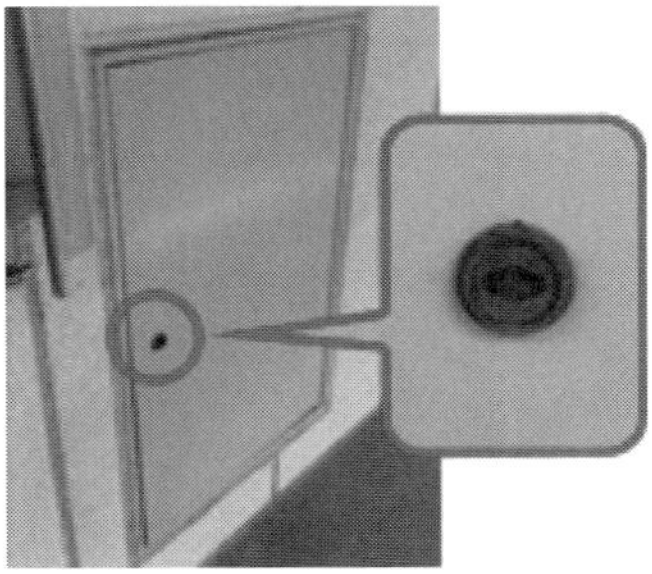

写真 4-4

写真 4-5

写真 4-6

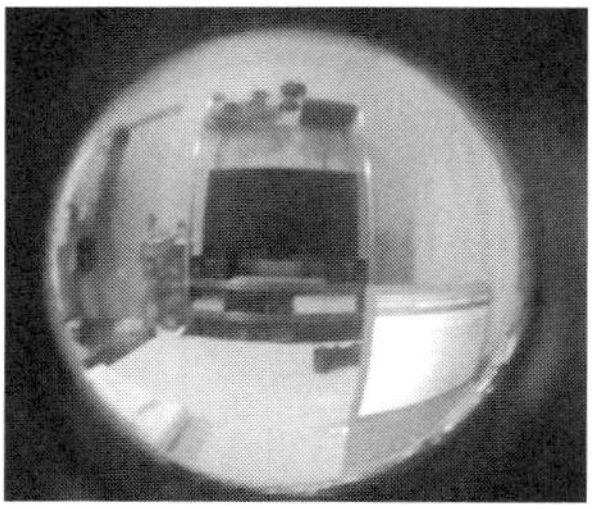

す（写真4―6）。単眼鏡で室内を確認している様子を誰かに見つかるとさすがにまずいので、そのときは何か理由をつけておいたほうがいいかもしれません。

3 対話

インターフォンを押した後、相手が応答した場合、インターフォン越しで話すのではなく、「お話がありますので、出てきてもらえませんか」と伝えて、相手にドアを開けてもらって、玄関先まで出てきてもらって、相手の顔を見て話すことが大切です。インターフォン越しの通話ですと、電話で話しているのとあまり変わりませんので、玄関先まで出てきてもらって、顔を見て、この人はこういう感じの方なんだな、電話では結構気の強い感じの話し方でも、実際に会ってみると優しい感じで、繊細な印象を受けるなとか、いろいろ雰囲気がわかりますので、互いに顔と顔を合わせて話すことは重要です。逆に向こうもこちらと顔を合わせますと、こちらに対するそれなりの感情を抱くと思います。

話し合いの中で、「これから滞納家賃をどうされますか?」「家賃5万円を滞納されていますが、いつ支払いますか?」などの話をして、相手から「明日、支払います」や、「2万5000円ずつの分割で支払いたいです」といった内容の回答があり、話がまとまれば、先述の支払計画書に必要事項を記入のうえ、署名押印してもらいます。

玄関のドアを開けてもらったときは、室内が整理整頓されているか、他に関係のない人が住んでいる様子はないかなどをそれとなく確認しながら、相手の方と話します。

4 不在

不在の場合、もしくは居留守の場合、便箋に次のような文章（図表4―6）を記入して、封筒に封入し、ポストへ投函します。

「前略、いつもお世話になっております。平成27年何月分から何月分までの未払賃料等合計金何万円の着金確認が取れておりません。弊社指定支払先の銀行口座へ振込にて早急にお支払いくださいませ。何卒よろしくお願いいたします」

最後に当社の社名と連絡先、私の名前を書きます。

ここで気をつけて欲しいのが、「弊社の指定支払先の銀行口座へ振込」と必ず書いてください。「振込」と書いておかないと、「せっかく来てくれたんだから、取りに来てくれるんじゃないんですか？」と言う方も少なからずいらっしゃいますので、「私は取りに行きませんので、振り込む方法で支払ってください」という意味で「振込」という文言を書いておくようにします。

4-6 便箋に下記事項を記入

・訪問時の　年　月　日　時　分、天候
・訪問対象物件名、　号室
・訪問対象者氏名
・訪問した目的
・会社名、会社住所
　会社連絡先、訪問者氏名

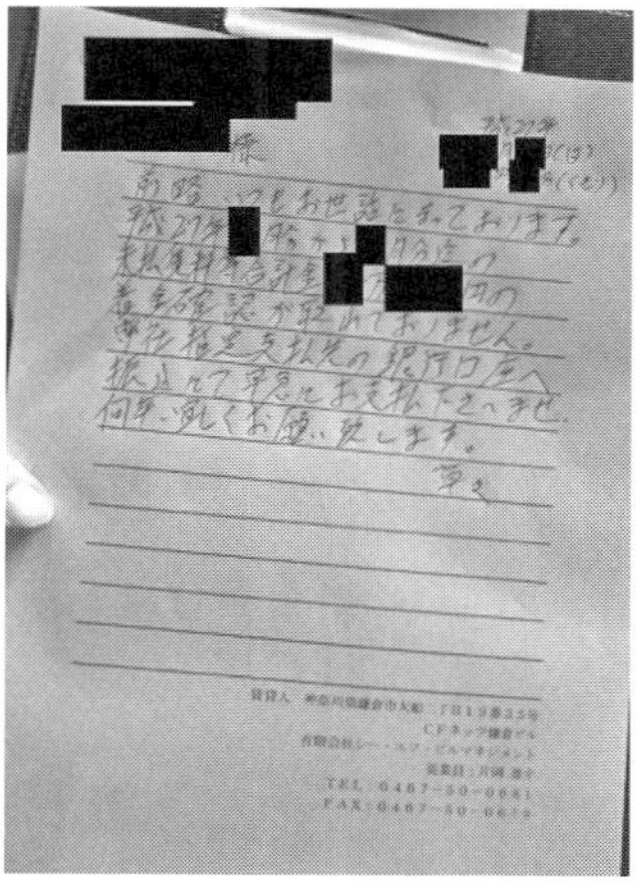

便箋に必要事項を書いた後は、写真を撮ります。誰にいつ、どのような文章を書いたのかの記録のために、写真を撮って保存しておけば、たとえば数カ月後に、民事訴訟となった場合、「数カ月前、訪問したときに、こういった手紙をポストへ投函したのですが、家賃を支払われませんでした」という証拠書類になりますので、必ず写真を撮るようにしています。

写真撮影をする場合は、次のような順番で10枚ぐらい撮っています。

1　玄関ドアの前で、封筒と名刺と便箋（写真4―7）
2　必要事項を書いた便箋（写真4―8）
3　封筒に名刺と便箋を封入しているアップ（写真4―9）
4　封筒に全部入れ終わりましたという証明と、封筒の裏面（写真4―10、4―11）
5　封筒をポストへ投函している最中（写真4―12）
6　封筒をポストへ投函し終わった後（写真4―13）

写真 4-7

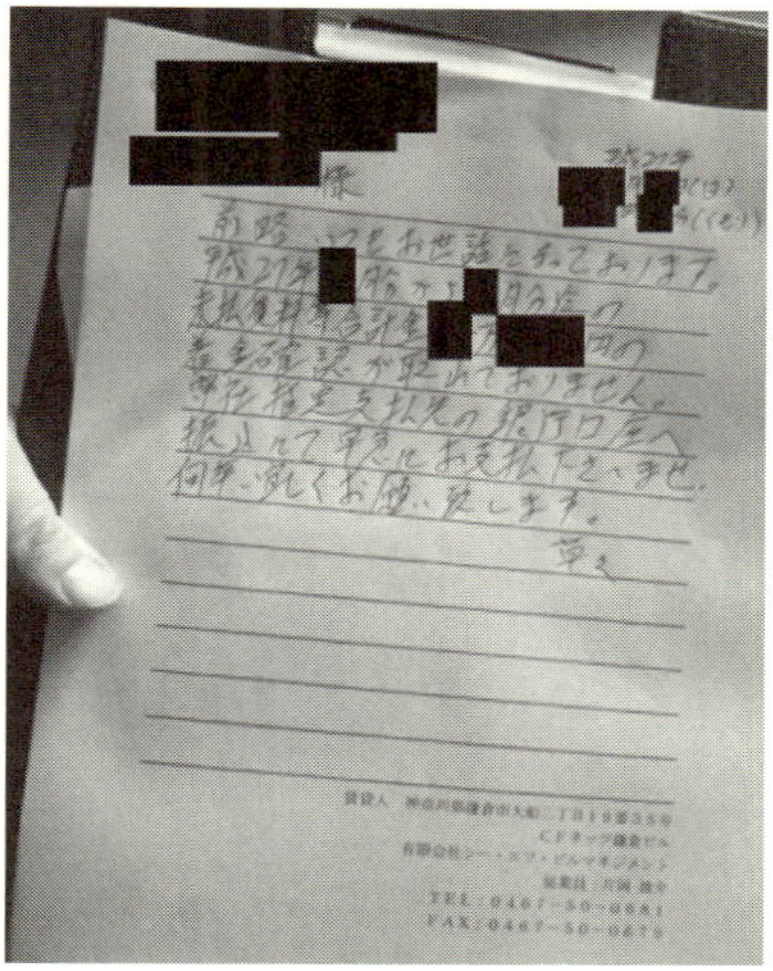

便箋

写真 4-8

名刺

写真 4-9

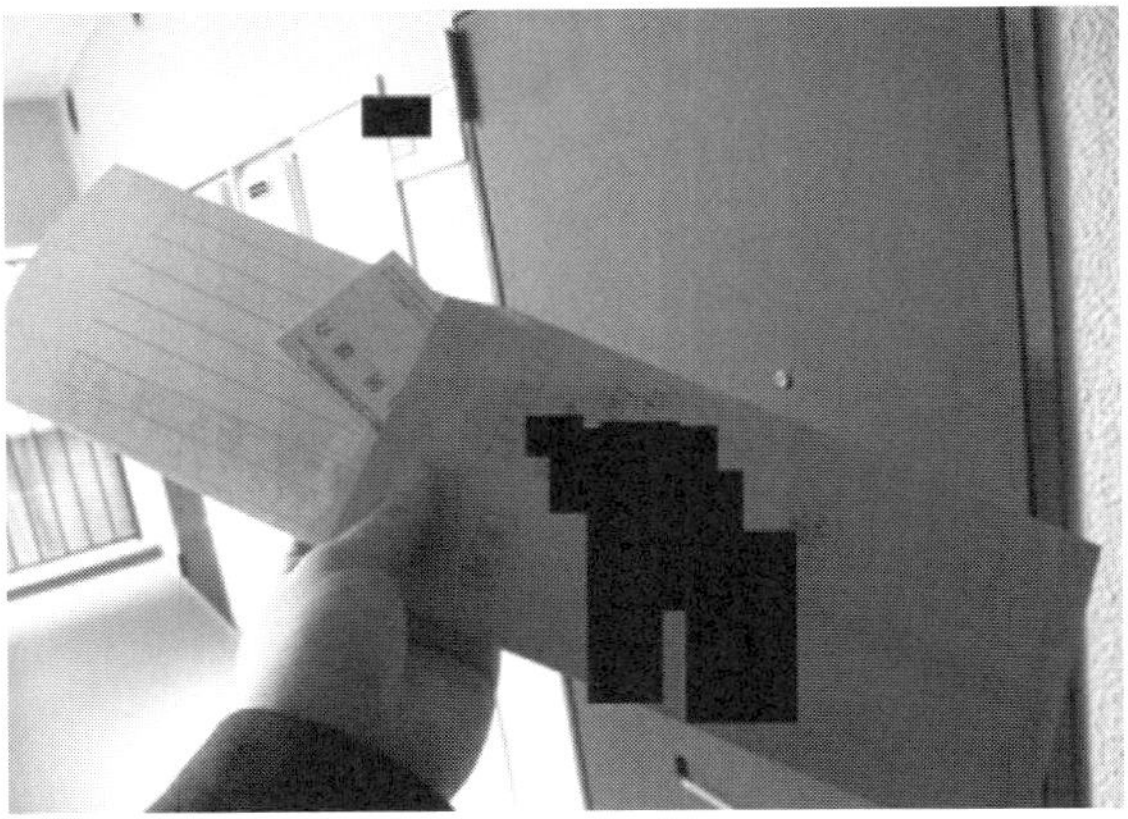

便箋と名刺を封筒に封入している様子

写真 4-10

写真 4-11

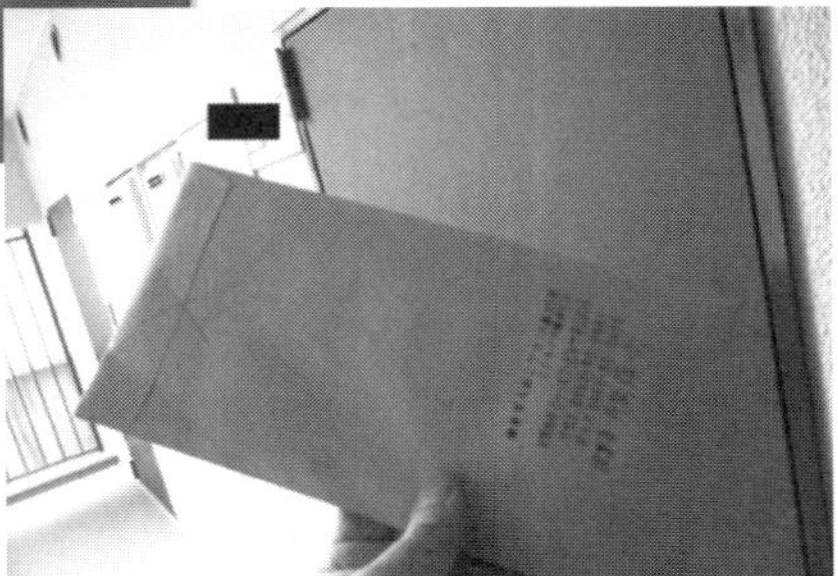

封入した封筒の表面と裏面

写真 4-12

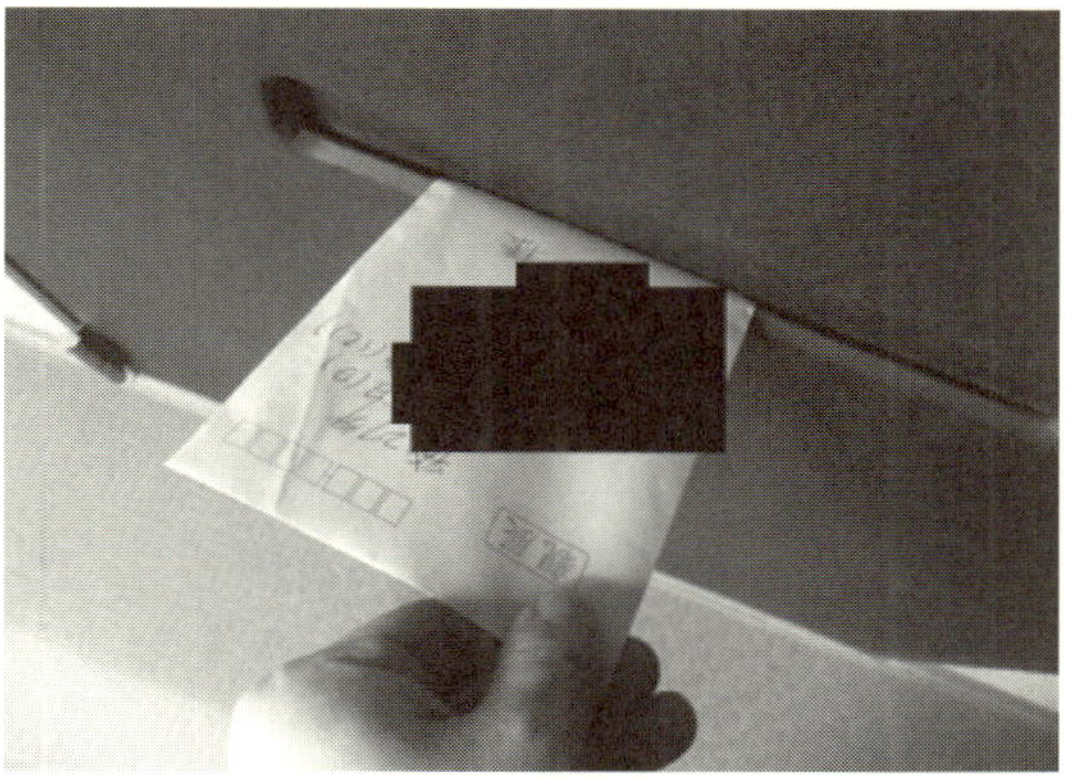

封筒をポストに投函している様子

写真 4-13

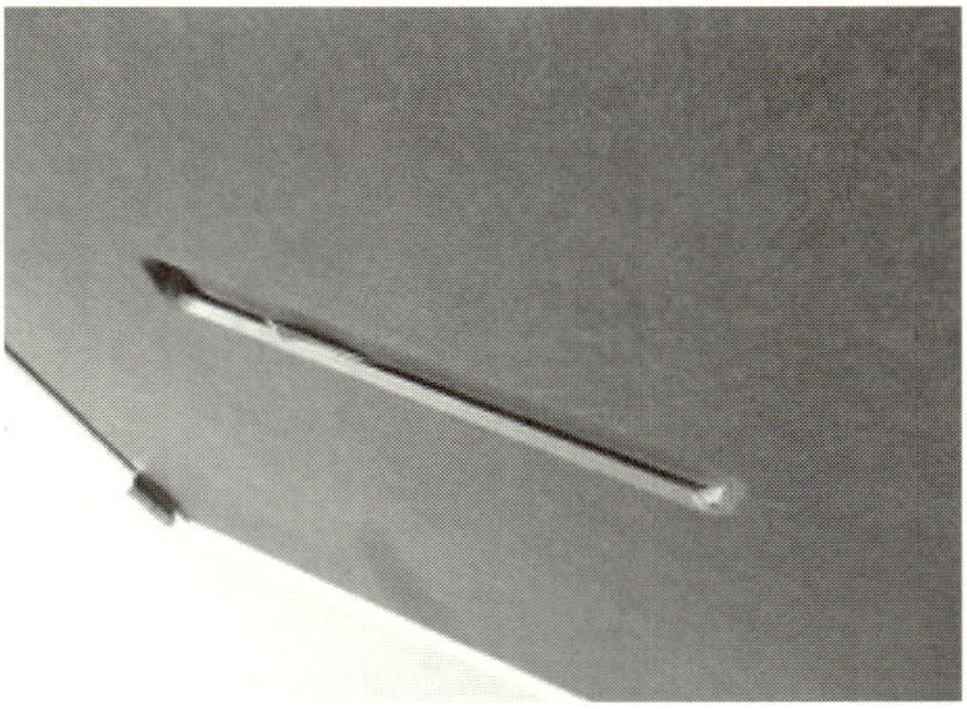

封筒をポストに投函完了した様子

ポストがない場合、玄関ドアに挟み込みます。「玄関ドアに挟み込むことは何かしら問題があるのではないですか？」と聞かれることがありますが、これも特に問題ないです。

余談ですが、以前、ある借主の自宅の玄関ドアに、封筒を挟み込んでいると、1回目訪問して、2回目、3回目、4回目、5回目、6回目、そして10回目に訪問しても、ずっと封筒が挟み込まれたままでした（**写真4―14、4―15、4―16**）。なぜ10回も訪問して、同じことをしているのか不思議に思うかもしれませんが、実はこの借主は出入りをしていることがわかっていたからです。封筒を挟み込んだ位置が微妙にずれていましたので、おそらく、この借主が外出するたびに、わざわざご丁寧に挟み込み直していたのではないかと思います。写真を見ると、封筒の位置が微妙にずれていたのがわかります。10通目を挟み込んだ後、借主から電話がかかってきて、「長期間、不在にしていました」という何やらウソくさい言いわけをされました。

また、この借主は、〝もしかしたら出入りしていないのではないか？〟〝夜逃げしているのではないか？〟という場合は、玄関ドアの蝶番にセロハンテープを貼るようにしています（**写真4―17**）。セロハンテープを蝶番に貼っていれば、玄関ドアを開けると、セロハンテープが千切れたり、もしくは捻じれるようになります。

セロハンテープを貼っておいて、1週間後に改めて物件へ行ったときにセロハンテープが1週間前と変わらない状態ですと、この借主は1週間、全く出入りがないことがわかります。

ちなみに、このセロハンテープを貼るときも必ず写真撮影をします。「写真なんか撮らなくてもいいんじゃないですか?」という質問があるかと思いますが、その道のプロがいるため写真の撮影は必要です。

以前にあった例が、私がセロハンテープを貼った後、写真撮影して、数日後に改めて物件へ行くと、セロハンテープの位置に何となく違和感がありました。セロハンテープを貼ったときに撮った写真と見比べると、セロハンテープの位置が少しずれていて、〝多分、この借主がセロハンテープに気づいて、貼り直したのだな、この借主は、間違いなく出入りはあるな〟ということがわかるとともに〝玄関ドアの蝶番のセロハンテープに気づいて、こういった小細工をするとは、要注意の人物だな〟となり、以降、それ相応の注意を払いながら滞納家賃の督促をした覚えがあります。

写真 4-14

写真 4-15

写真 4-16

写真 4-17

出入りの様子がないとき玄関ドアの蝶番にセロハンテープを貼る

5　その他

最近は、電話しても出ない、訪問しても不在なのか居留守なのかわからない、そういった場合は、警察官に同行をお願いしまして、玄関ドアを開錠して、安否確認をします。警察官へ頼むことに何かしらの問題が発生するのではと疑問に思うかもしれませんが、特に問題ありません。

家賃が入っていない、電話しても電話に出ない、訪問しても応答がない、なので警察署に電話して、「すみません。今、何々アパートの前にいるんですけれど、家賃が入っていません。連絡もとれません。もしかしたら中で何かしらあるかもしれませんので一緒に来ていただけませんか？」と言うと、警察官も業務なので、ちゃんと来てくれて、一緒に安否確認をします。玄関ドアを開錠しますと、不在の場合もありますが、在宅中のときもあります。向こうもすごく気まずい顔で出てきますが、そうすると、警察官が怒ってくれます。

「あなた、何をやっているの？　何回訪問してもあなたが出ないのは…」

警察官にみっちり怒られますので、後はもう話は早いです。最近、味をしめて、重度の方とか、あまり応答がない方、連絡がとれない方は、この方法を使っています。もし皆様のところにもそういう方がいらっしゃれば、試してみてもいいんじゃないかと思います。

【1　借主の情報について】

先ほどの支払計画書にいろいろ情報を書くというのがありまして、借主の氏名、住所とかありました。契約のときに借主の情報をたくさんいただきますが、なるべくいただくようにしてください。特に電話番号は必須の情報です。それは、事務処理の関係で必須であるということはもちろんですが、弁護士に認められている照会制度というのがありまして（弁護士法23条の2）、弁護士がその所属する弁護士会に対して、この方、たとえば携帯電話がこの番号の方の現住所とか、もし電話料金をクレジットカードで引き落としている方であれば、クレジットカード会社の情報とか、その他いろいろについて照会を申し出て、その申し出を受けた弁護士会が携帯電話会社に照会すると、何らかの情報が出てくることがあります。それを手がかりに、たとえば滞納したまま失踪した方とか、そういう人を追跡していくということもできます。ただこれは、極めてプライベートな情報を取得する手法ですので、濫用は絶対に許されないし、正当な理由もないのに照会制度を利用した結果、懲戒処分を受けた弁護士もいますので、照会制度の利用は本当に慎重になされなければならないということです。このように、正当な理由で弁護士の権限として弁護士会を通じて個人のプライバシー情報をとることができるという制度がありますので、その手がかりとしても、借主の情報については契約時になるべくとっておくというのがいいと思います。

【2 注意すべき点】

ドアスコープから中をのぞく行為ですが、その「のぞく」という点について、軽犯罪法で「正当な理由がなくて、人の住居、浴場、更衣室、便所その他、人が通常衣服をつけないでいるような場所をひそかにのぞき見た者は、これを拘留または科料に処する」というのがあります（軽犯罪法1条23号）。本件は「人が通常衣服をつけないでいるような場所」ではないでしょうから、犯罪は成立しないと思います。また、建物自体、エントランスに入ること自体が住居侵入罪に当たるのではないか、という問題があります。ただ、住居侵入罪を定める刑法130条に、「正当な理由がないのに」という文言があり、正当な理由があれば違法ではありません。果たして、前述した行為が正当な理由に当てはまるかどうかですが、かつて特定政党の関係者がビラをポストに入れるためにマンションのエントランスに入った行為が、住居侵入に該当したという判例もありますので、そこは注意が必要ですが、本件の場合は正当な理由があるんだろうということで、住居侵入罪にならないということだと思います。また、軽犯罪法に「入ることを禁じた場所に入った者は、これを拘留または科料に処する（軽犯罪法1条32号）」というのがありますが、ここも「正当な理由」ありとして、犯罪は成立しないのだと思います。

あと、滞納をした方が失踪したとき、あるいはいなくなったときに、部屋の合い鍵を勝手に変えていいのかという問題があります。これはいいと主張する方もいらっしゃるようですが、それは法律としてはダメです。これは、ウィークリーマンションやマンスリーマンションの場合であっても同様です。日本は法治国家、要するに、そういう実力行使は正当防衛と緊急避難以外はダメですので、早く取り戻したいという気持ちはわかりますが、そういうときは必ず法的手続にのっとって、何カ月もかかるかもしれませんが、解決を試みてください。

第5章

法的手続による督促

片岡 雄介

家賃を滞納している借主に対し、手紙、電話、訪問で請求して、それでも家賃を支払わなかった場合は、法的手続に移行するのですが、法的手続とは何かについて説明していきます。

法的手続にはいろいろありますが、**図表5―1**で主だったものをあげています。

たとえばAという人がいます。もし私がAに対して100万円のお金を貸していて、Aが私へ100万円を返さない。そういった場合、私がAに対し、

「100万円貸したんだから返してください」

でも、Aは100万円を返さない。

「返さないから、Aの給料を差し押さえてやる」とか、「Aの銀行口座を差し押さえてやる」ということをいきなりはできません。その場合、私がAへ100万円を貸して、Aがそれを返さないということを裁判所から認めてもらう必要があります。そのために、**図表5―1**の上にある民事訴訟や、支払督促、民事調停、少額訴訟、こういった手続を裁判所へ訴え、もしくは申し立てします。

「私は何年何月何日に、Aに100万円を貸しましたけど、Aは返しません。Aに貸した100万円を返して欲しいです」という訴えを出して、裁判所は、

「Aは片岡さんから借りた100万円を返していないですね。だからAは片岡さんへ

5-1 法的手段

【債務名義取得のため】
例　民事訴訟・支払督促・民事調停・少額訴訟

【部屋や駐車場の明渡しのため】
例　建物明渡強制執行　土地明渡強制執行

【差押による債権回収のため】
例　給与債権差押執行　不動産強制競売執行
預金債権差押執行　貯金債権差押執行
動産執行

100万円を返しなさい」という判決をもらいます。これを「債務名義」といいます。

もしくは裁判所で、私とAとの間で、

「私Aは片岡さんへ、片岡さんから借りた100万円を、毎月分割して返します」といったような和解が成立した場合、これで初めてAが私に対して支払義務があることを裁判所が認めます。これも債務名義となります。この債務名義を取得して初めて、強制執行や、差押が可能となります（図表5―2）。

ここで家賃滞納の主なケースを四つあげておきます。

まず一つ目が、部屋を借りている借主が家賃を滞納して支払わないケースです（図表5―3）。これが一番多いパターンです。電話、手紙、訪問で請求しても支払わない、連絡もない。その場合は、借主との間の賃貸借契約を解除する必要があります。「あなたは平成30年1月分から、平成30年3月分までの家賃を滞納しています。この滞納家賃全額を支払わなければ、この部屋の賃貸借契約を解除します。支払期日は平成30年3月10日です。契約解除日は平成30年3月11日です」という文書を作成しまして、この作成した文書を内容証明郵便で借主へ送って、また内容証明郵便で送った文書のコピーを特定記録郵便で借主へ送りまして、そして借主の自宅を訪問して内容証明郵便で送った文書のコピーをポストに投函する。こういった流れで契約解除の催告をします。

5-2

「民事訴訟」「支払督促」「民事調停」「少額訴訟」を裁判所に提起・申立

→1．当社の主張が認められる判決 / 決定

OR

分割支払での返済の和解決定

＝相手方が当社に対し、滞納家賃の支払義務があることを裁判所が認める

＝「債務名義」取得

→2．債務名義取得後、強制執行が可能

＊債務名義がないと強制執行はできない！

たとえば3カ月分の家賃を滞納している借主がいます。この借主は3カ月分の家賃を滞納しているので、「平成30年1月分から、平成30年3月分までの3カ月分の家賃を、平成30年3月10日までに支払ってください。もしこの日までに支払わなければ、平成30年3月11日付で契約を解除します」と催告したにもかかわらず、支払わない。契約解除日を過ぎても部屋から出ていかない。この借主は3カ月分家賃を滞納して、内容証明郵便、特定記録郵便、自宅訪問で催告したのに支払わない。支払期日も過ぎている。契約解除日も過ぎている。それにもかかわらず、今も部屋に居座っている。そこで初めて民事訴訟を裁判所へ提起します。「この借主は家賃を滞納しているので、契約解除しました。しかし、この部屋に居座っているので、部屋を明け渡して欲しい」「滞納している家賃を支払って欲しい」「部屋を明け渡すまでの損害金を支払って欲しい」という内容の訴えをします。訴状の内容に問題がなく、また証拠書類や必要書類が揃っていましたら、裁判所は訴えを受理してくれますので、受理されてからしばらくして裁判所で第1回目の口頭弁論が行われます。そこで相手が口頭弁論を無断欠席して、答弁書も出していなかった場合は、結審となり、こちらの主張がそのまま認められる判決が言い渡されます。これが先述の債務名義です。

また借主が口頭弁論へ出てきて、「これからは滞納家賃を毎月分割して支払います」「今

5-3	部屋を借りている借主が家賃を滞納して支払わない …→第6章のケース1

1．内容証明郵便＋特定記録郵便＋訪問で契約解除の催告
2．建物明渡＋滞納家賃請求の民事訴訟を裁判所に提起
3．判決 or 分割返済の和解成立
4－1．判決→建物明渡の強制執行を裁判所に申立
4－2．和解違反→建物の強制執行を裁判所に申立
5　建物明渡の強制執行

後の家賃も毎月期日通りに支払います」「もし支払が滞りましたら、部屋を明け渡します」という内容での話し合いがまとまりましたら、裁判上の和解が成立します。これも債務名義となります。

判決となりました場合、管轄の裁判所へ建物明渡の強制執行の申立てをして、強制執行を実施します。

また、借主が裁判上の和解成立後、支払を滞り、和解条項に違反した場合も、建物明渡の強制執行が可能となりますため、管轄の裁判所へ強制執行を申し立て、強制執行を実施します。この流れは、第6章の実例集のケース1でくわしく説明します。

二つ目のパターンは、借主以外の、賃貸借契約上、全く関係のない人物が、部屋に住んでいる可能性があるときです（図表5―4）。この場合は、前述のケースに図表5―4の2番、3番を加えています。「占有移転禁止の仮処分」という手続を踏んでから、建物明渡の強制執行をします。この具体例も第6章のケース2で、くわしく説明いたします。

三つ目のパターンが、家賃を2カ月分や3カ月分滞納した後に出ていって、こちらが請求しているにもかかわらず、全く支払わないときです（図表5―5）。この場合も法的手続にて解決を図っています。こちらは、第6章のケース3でくわしく紹介します。

四つ目が、相手の給料差押執行を申し立てしたものの、その給料の支払元である勤務先

5-4	部屋を借りている借主が家賃を滞納して支払わない… 借主の他に、正体不明の人物たちの居住気配がある… →第６章のケース２

１．内容証明郵便＋特定記録郵便＋訪問で契約解除の催告

２．占有移転禁止仮処分を裁判所に申立

３．占有移転禁止の仮処分執行

４．建物明渡＋滞納家賃請求の民事訴訟を裁判所に提起

５．判決 or 分割返済の和解成立

６－１．判決→建物明渡の強制執行を裁判所に申立

６－２．和解違反→建物の強制執行を裁判所に申立

７　建物明渡の強制執行

が、差し押さえ分をこちらに支払わない場合です（図表5―6）。たとえば先ほどの私とAの話で、私がAに100万円を貸したにもかかわらず、Aは私に返さない。そのため、私がこの100万円の債権についての債務名義を取得した後もAは一切返さない。

Aの勤務先を調べてみると、株式会社Zという会社であったため、Aの給料差押を裁判所へ申し立てしたものの、Aの給料支払元である株式会社Zが、私へAの給料の差押分を全く支払ってこない、ではどうするかといいますと、今度は株式会社Zを被告として裁判所へ訴えて回収を図る、こういう方法もあります。これも第6章のケース4でくわしく説明します。

5-5	部屋を退去した借主＆連帯保証人が督促しても滞納家賃を支払わない…　→第６章のケース３

1．内容証明郵便＋特定記録郵便＋訪問で督促
2．滞納家賃請求の民事訴訟 or 支払督促 or 民事調停を裁判所に提起・申立
3．判決 or 分割返済の和解成立
4－1．判決・決定→債権差押の強制執行を裁判所に申立
4－2．和解違反→債権差押の強制執行を裁判所に申立

5-6	部屋を退去した借主＆連帯保証人が督促しても滞納家賃を支払わない… →給料の債権差押執行で回収を図る →給料の債権差押執行をしたものの勤務先がその差押分の金額を払わない　→第６章のケース４

1．内容証明郵便＋特定記録郵便＋訪問で勤務先に督促
2．取立金請求の民事訴訟を裁判所に提起（被告＝勤務先）
3．判決 or 分割返済の和解成立
4－1．判決→債権差押の強制執行を裁判所に申立
4－2．和解違反→債権差押の強制執行を裁判所に申立

第6章

実例集

片岡 雄介

ケース1　独居老人の建物明渡強制執行

物件　東京都〇〇区ワンルームマンション
　　　平成19年契約開始
借主T　男性（70代）一人暮らし・無職
連帯保証人　男性（60代）借主の知人

まず初めに、家賃を滞納して、民事訴訟を提起して、建物明渡の強制執行を実施するという、基本的なパターンをご紹介いたします。

借主Tは、一人暮らしの70代男性です。平成19年に当社との間で東京都にあるワンルームマンションの賃貸借契約を締結しました。当社の管理物件は約7000戸ほどありますので、私のところにあがってくるのは、家賃を支払っていないとか、契約上のトラブルがあるとかいう場合なので、私も今回の借主Tを、平成27年に家賃

滞納が始まって、初めて知りました。

契約開始から7～8年くらいの間は、真面目に毎月家賃を支払っていたのですが、平成27年のある日、家賃滞納が発生しました。私が借主Tへ電話をしても、手紙を送っても、全く連絡も支払もありません。

建物を訪問したときは、第4章で述べましたように、玄関ドアの蝶番にセロハンテープを貼り、ポストへ封筒を投函し、そして後日、あらためて物件を訪問したときに確認しますと、セロハンテープがちぎれ、ポストの中の封筒がなくなっていましたので、建物に出入りはしているのだろうけれど、2カ月間、何の連絡も支払もないという状況が続きました。

こういった場合には、法的手続にて解決を図りますので、「あなたは当社に対し、2カ月分の家賃を滞納しています。この2カ月分の滞納家賃と来月分の家賃を○年○月○日までに支払ってください。もし支払わなければ、支払期日の翌日をもちまして、契約解除します」という内容の通知書を作成しまして、その通知書を内容証明郵便で発送し、また、その内容証明郵便で発送した通知書のコピーを特定記録郵便で発送、そして同じく通知書のコピーを建物のポストへも投函、このような流れで借主Tへ賃貸借契約解除の催告をしました。

その後、借主Tからは、支払も連絡もないまま、通知書に記載した支払期日を過ぎましたので、賃貸借契約を解除しました（図表6―1）。

契約解除から建物明渡の強制執行までの流れを、図表6―2に示しています。通常、賃貸借契約の借主に対し、契約解除の通知書を送ったものの、滞納家賃の支払はなく、契約解除日を過ぎても、まだ借主が建物に居座っているという場合、建物明渡の請求と滞納家賃の請求の民事訴訟を提起します。

裁判所へ提起する際は、当社が訴えている内容を記載した訴状と、その証拠となる証拠書類のコピー、証拠説明書、当社の資格証明書、建物の全部事項証明書、建物の固定資産評価証明書、必要分の切手と収入印紙を、裁判所へ提出します。

ちなみに、訴状一式の提出は郵送でも問題ありませんが、初めて訴状を提出する方は、実際に裁判所に持って行ったほうが、書記官から「ここが違いますよ」とか、「こういうふうにしたほうが良いですよ」と教えてもらえますため、裁判所へ持って行くことをお勧めします。

訴状を郵送したあとは、裁判所の担当書記官から、連絡があるので、それを待ちます。

裁判所は、訴状や証拠書類等の内容を見て問題がなければ、事件を受理します。事件受理されれば、裁判所の担当書記官から「○月○○日に、第1回目の口頭弁論を、裁判所で

6-1 契約解除までの流れ

平成27年ある日　家賃滞納発生
２カ月間連絡も支払もなし
↓
契約解除の通知書を作成
・内容証明郵便で発送
・特定記録郵便で発送
・物件訪問してポストへ投函
→借主Ｔ　支払も連絡もなし
＝「賃貸借契約を解除」

6-2　契約解除から建物明渡の強制執行の手続の流れ

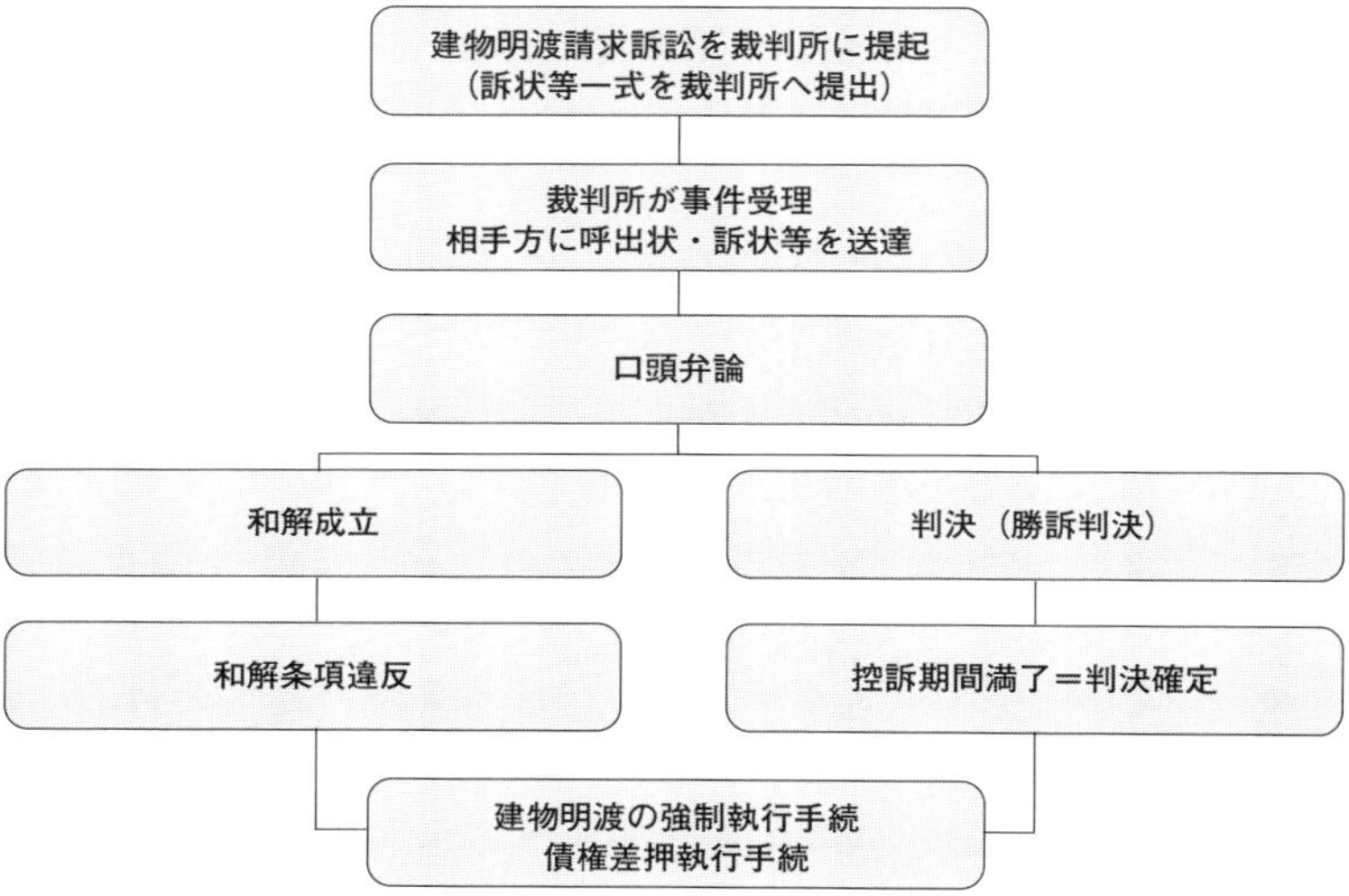

の○○○号法廷で行います」という連絡が来ます。裁判所は被告に対し、それと同じ「○月○○日に第1回目の口頭弁論を行います」という呼び出し状と、当社が作成、提出した訴状一式を郵送します。

この第1回目の口頭弁論の日時が決定した日から、第1回目の口頭弁論が行われる日までの間に約1カ月くらいの期間があります。もし、裁判所が被告に対し発送した呼び出し状と訴状一式を、被告が受け取らなかった場合や、受け取るのが遅くなった場合は、口頭弁論の日時が約1カ月ほど延期されます。そのため、裁判所での口頭弁論が行われる日が、こちらが裁判所へ民事訴訟を提起した日から、2カ月先であったり、3カ月先であったりすることがあります。その点も見越して早目早目に手を打っておかないと、滞納家賃が膨れ上がりますので注意が必要です。

さて、世間一般でイメージされる「裁判＝口頭弁論」の流れですが、「滞納している家賃を支払え、建物を明け渡せ。」という内容のため、通常、次の2パターンとなります。

1　被告が答弁書を提出せず、口頭弁論を無断欠席した場合は、こちらの主張が認められる→勝訴判決

2　被告が口頭弁論へ出てきて、「私が悪かったです。すみませんでした。これから分割で滞納家賃を支払います」と言って、話し合いがまとまった場合→和解成立

この判決もしくは裁判上の和解成立で、債務名義取得となり、ここで初めて強制執行や差押が可能となります。

判決言い渡しから控訴するまでの2週間の期間を「控訴期間」といいますが、これは〝判決が言い渡された日から2週間〟ではなく、裁判所が原告被告へ郵送した判決書が、原告被告それぞれへ到達してから2週間となります。原告被告のどちらかが、裁判所が送った判決書の受け取りが遅れますと、控訴期間は延びます。そのため、家賃を滞納している借主である被告が、裁判所から送られてくる判決書をなかなか受け取らないと、その間、滞納家賃はさらに膨れ上がります。

今回の借主Tのケースに戻りますが、第1回目の口頭弁論が裁判所で行われましたが、

借主Tは、答弁書を提出せず、また無断欠席しました。被告（＝借主T）が答弁書を出さず、口頭弁論を無断欠席しますと、裁判所は原告（＝当社）の主張を被告（＝借主T）が認めたと判断します。これにより、この第1回目の口頭弁論の日をもって、終結することとなりました。

余談になりますが、もし、皆様が、いきなり身に覚えのないことで被告となって、裁判所から口頭弁論の呼び出し状や訴状が郵送されてきた場合、理不尽な内容だとか、全く知らないことだといって、口頭弁論を無断欠席してしまうと、原告の主張がそのまま認められてしまいますので、必ず裁判所での口頭弁論へ出るとか、もしくは裁判所から郵送されてくる呼び出し状には、〝あなたの言い分を書いてください〟という「答弁書」も同封されていますため、「原告の主張はおかしいです。私は、全く身に覚えがありませんため争います。主張は追ってします。第1回目の口頭弁論は都合により欠席します」といった答弁書を裁判所へ提出しておけば、通常、第1回目の口頭弁論で終結するということはありません。裁判所を通じて訴えられた場合は、必ず何かしらの反応をしておかないと、原告の主張がそのまま通ってしまいますので、気をつけてください。

さて、借主Tは無断欠席しましたので、口頭弁論はその日で結審となり、「建物を明け渡せ。」「滞納家賃を支払え。」「建物明け渡しまでの損害金を支払え。」という内容の判決が言い渡されました。

判決書（写真6―1）が、裁判所から借主Tへ送達されてから2週間、借主Tからは控訴が出ることはなく、控訴期間満了となりました。なお、控訴期間が満了して、判決が確定したからといって、貸主が勝手に、室内の荷物を撤去処分することは、「自力救済」にあたり、違法行為となります。建物明け渡しの手続も、建物所在地を管轄する地方裁判所へ強制執行の申立てをする必要があります。

建物明渡の強制執行の流れですが、裁判所へ申し立てした後、強制執行を担当する執行官と建物訪問日時の打ち合わせをします。

その後、打合せした訪問日時に、執行官、強制執行の立会人、執行補助業者、債権者である貸主が建物を訪問し、室内を確認します。たいていは、債務者がまだ建物に居住していることがほとんどのため、執行官は、その訪問した日から約2～4週間後を第2回目の訪問日時に設定し、その第2回目の訪問日時に建物明渡の強制執行を行うことを、債務者が在宅中ならその場で告げ、また合わせて室内にその内容を記載した文書を貼りつけて、建物から去ります。これを、建物明渡の強制執行の催告と呼びます。

なお、もしこの第1回目の訪問時に、室内に居住の様子や出入りの様子がないと執行官が判断したときは、この日をもって、建物明け渡しが完了となります。

写真6-1

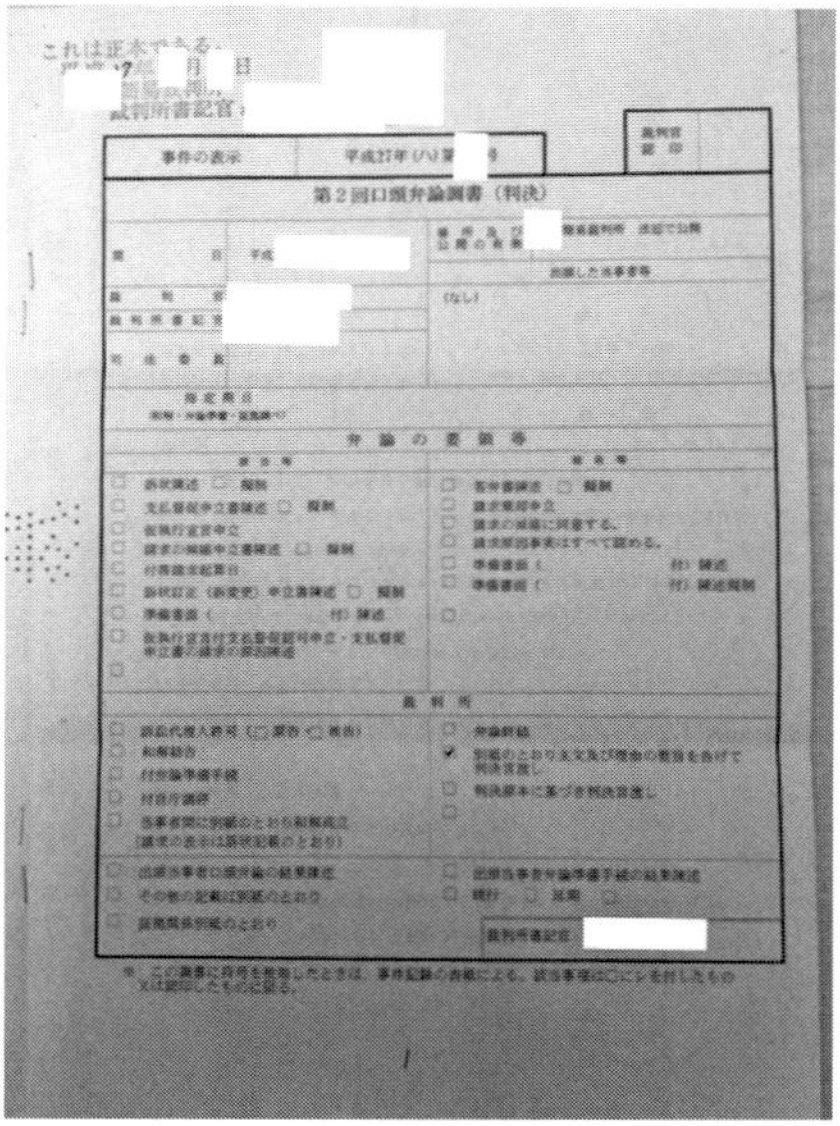

これは正本である。

裁判所書記官

事件の表示 平成27年(ハ)第

第2回口頭弁論調書（判決）

(なし)

弁論の要領等

裁判所書記官

そして、第2回目の訪問時、第1回目の訪問時と同じく、執行官、強制執行の立会人、執行補助業者、債権者である貸主が建物を訪問し、室内にある荷物を全て撤去します。これを、建物明渡の強制執行の断行と呼びます。

今回のケースに戻りますが、11月下旬、執行官と、強制執行の立会人、執行補助業者、鍵開錠技術者と一緒に建物を訪問しました。

執行官が、まず玄関ドア横のインターフォンを押し、「ピンポン」という音が室内に鳴りましたが、何の応答もありません。留守か、居留守かどちらかはわかりませんが、執行官が大声で呼びかけても、相変わらず室内から応答はありません。

そのため、玄関ドアの鍵を、鍵開錠技術者が開けますと、玄関ドアにチェーンロックがかかっていましたため「借主Tは在宅中で、ただ単に居留守をつかっているだけだな」と、その場にいた全員が思ったのですが、玄関ドアの隙間から、執行官が「すみません！　借主Tさん‼」と大声で何度も呼びかけたにもかかわらず、応答は全くありません。借主Tは、70代の男性で、世間一般では高齢といわれる年代のため、室内での孤独死ということも考えられます。そのため、玄関ドアのチェーンロックを開錠し、不安を感じながら、室内へ入って行きます。

建物は、20㎡弱のワンルームマンションでそれほど広くはないため、廊下を抜けると、布団の中で寝ている借主Tがすぐに見つかりました。ちょうど11月下旬の寒い時期なので、風邪でもひいて寝込んでいるだけだろうと、その場にいた一同、安心したのですが、借主Tの顔をよく見てみると、単なる風邪ではないことがひと目でわかりました。

借主Tの顔は真っ赤に火照り、目の周りは赤黒く大きく腫れ上がっていて、目が見えていないのではというくらいの状態です。どう見ても重い病気にかかっているようにしか見えません。執行官が借主Tへ、今日訪問した事情を説明するべく話しかけるものの、借主Tは布団から上半身を起こすことがやっとで、立つこともできない、そんな状況です。

すると執行官は借主Tへ、「1カ月後の12月〇〇日に、強制執行しますので、それまでに出ていってくださいね。もしまだ部屋の中にいらっしゃっても、中の荷物を全部出しちゃいますからね」と冷静に言い放って、「12月〇〇日に強制執行をする」という内容の文書を、居室スペースの壁に両面テープで貼り付け、室内から立ち去って行きました。

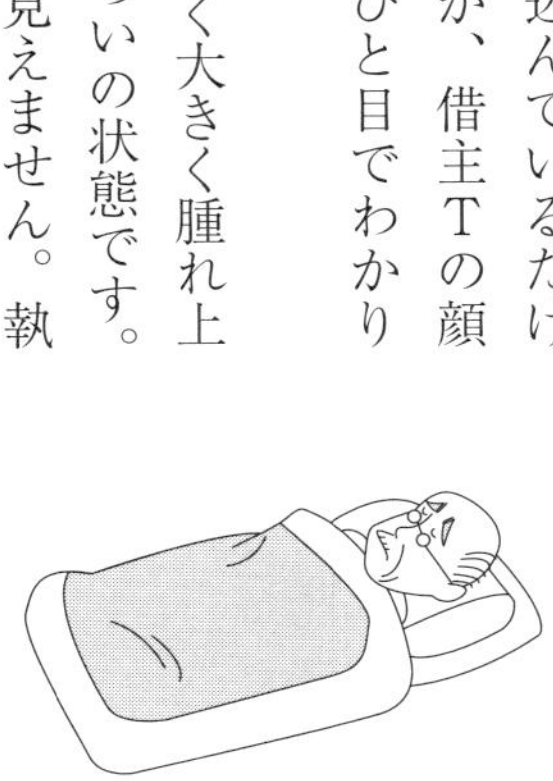

私も、そんな執行官のやり取りを傍で見ていたのですが、建物の前の道路で、執行官か

らこんなことを言われます。

「もしこの債務者さん（＝借主T）、このままの状態ですと、1カ月後の強制執行はできませんね。」

通常、建物明渡の強制執行の断行時、もし債務者が室内にいた場合、執行官の判断で債務者を外へ出すことができます。ただし、今回の借主Tの場合、強制執行の断行時に、無理やり外へ出した場合、そのまま路上で死亡する可能性が非常に高いとして、「そういうことが事前に分かっている場合、強制執行はできません。」と執行官から言われます。

さて、この借主T、重い病気にかかっており、治る見込みもなさそうなので、このままいきますと、1カ月後の強制執行ができません。その後、もし、借主Tが室内で亡くなると、これは最悪のケースです。

私は、執行官から「このままの状態だと、1カ月後の強制執行ができない」と言われました。では、「このままの状態」ではないようにすれば良いのでは？　と考え、強制執行前に、借主Tがこの建物からどこかへ引っ越していれば、強制執行

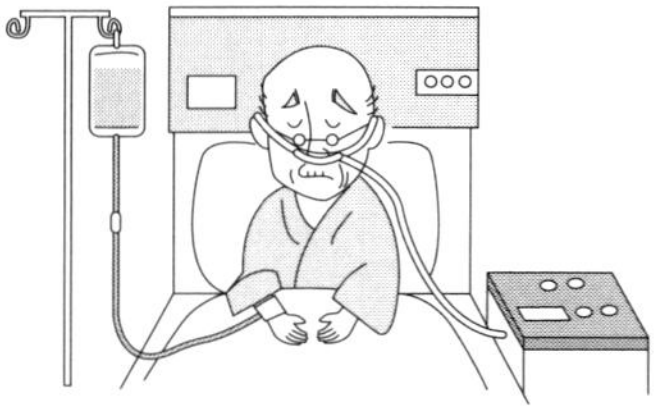

はできるはずです。どうしようかといろいろ考えましたが、まずは区役所へ相談し、借主Tの転居先を斡旋してもらうことにしました。

早速、区役所の福祉事務所へ、「1カ月後に強制執行があります。室内にいる方は70代のおじいさんで、私が見るとかなり重い病気で、このままですと非常にまずいです」と電話で相談しますと、福祉事務所は、「状況はわかりました。すぐに対応します」と、心強い返事をもらうやいなや、福祉事務所から、区役所の委託先で民間団体の高齢者向けの支援センターである「地域包括支援センター」へ連絡がいきました。

強制執行の催告日から3日後、同センターの担当者と建物前で待ち合わせすることになり、私が建物前で待っていますと、社会福祉士の20代後半ぐらいの男性担当者が現れ、私がこの男性担当者へ、借主Tの現在の状況を説明しますと、男性担当者「状況はわかりました。緊急性が高いので、私がこれから借主Tの状況を見てきます。ちょっと待ってください」と室内へ入っていきます。私が玄関の外で20分ほど待っていますと、男性担当者が戻ってきまして「やっぱり、借主Tは入院の必要がありますね。強制執行は12月〇〇日ですよね。何とかします。任せてください」ととても心強い返事が返ってきます。

それから1週間経って、私が男性担当者へ「借主Tの件、その後どうなりましたか？」と電話で確認しますと、男性担当者「ああ、あの方なら3日くらい前にもう〇〇病院へ入院させましたよ。」との回答。手際の良さに大変感心しました。

こうして無事、借主Tがこの建物からいなくなったため、早速執行官と執行補助業者へ、「あの建物の借主Tを入院させました。もうあの建物には住んでいませんので、強制執行ができます！」と電話連絡します。

すると、執行補助業者から「まだあの室内にはいろいろな家財が残っていて、たとえば小銭のようなお金とか、大切にしていたような写真にアルバム、あと、借主Tのお母さんの位牌もありましたので、そういったものは強制執行のときに処分できなくて、保管になる可能性が高いです。そうすると、さらに保管費用がかかってしまいますよ」との教え。こちらの執行補助業者は、当社と長年懇意にしているため、何かとアドバイスをいただけます。

「では、保管費用がかからないためにはどうすれば良いのでしょうか？」と聞くと、「借主Tから、『室内に残されている動産をすべて放棄します』という動産放棄書に署名押印をもらって、それを執行官へ提出すれば大丈夫ですよ」と言われます。

「ちなみに、もし保管すると費用はいくらぐらいですか？」

「まあ、あの荷物だから、ざっと10万円くらいですかね」

保管費用が約10万円かかるとのことですが、恐らくこの借主T、今後、入院先でお亡くなりになる可能性が非常に高いです。失礼な話ではありますが、その借主Tの動産を、当社が10万円の費用をかけて保管するのはどうかと思い、借主Tから動産放棄書にサインをもらったほうが良いと判断しました。

先ほどの社会福祉士の男性担当者へ、借主Tの入院先を確認し、借主Tがいる病室を訪ねました。

病院のベッドの上で寝ている借主Tからは、さらに病状が悪化しているらしい様子が見て取れましたが、私は何とか借主Tの耳元で説明をして、動産放棄書にサインをもらいました。

こうしてようやく借主Tから動産放棄書にサインをもらいましたので、執行官へ提出し、12月○○日、無事に建物明渡の強制執行は完了しました。このときの強制執行調書は**写真6―2**のとおりです。

あとは、滞納家賃と強制執行費用を回収する必要があります。借主Tはもうこういう状況で、借主Tからの回収は困難なため、連帯保証人からの回収となります。

連帯保証人は、借主Tの元の勤務先の同僚で、60代男性です。私も、家賃滞納発生当初、連帯保証人へも請求していましたが、「連帯保証人になったのは、もう何年も前のことだから、俺には関係ない」「俺は、今はもう仕事もしていないから、支払う金などない」みたいなこと言って、支払を拒んでいたことを覚えています。ただし、そうはいっても、回収をしなければなりません。

連帯保証人は、現在年金暮らしで、賃貸マンション住まい、特に差し押さえるものは見当たりません。こういった場合、高圧的に請求しても支払ってもらえる可能性が低いため、請求対象者に対峙するのではなく、ともに寄り添って走る仲間＝伴走型、「私はあなたの味方です。これから長いお付き合いになるのですから、一緒に、ともに協力していきましょう」という姿勢で接することを続けていけば、相手も次第に心を開いてくれます。

そのようにして、連帯保証人へ請求していますと、その後、連帯保証人から毎月3万円ずつの分割返済が始まり、約2年半かけて、無事に完済となりました。これも回収の方法の一つとして効果的です。

建物明渡請求と滞納家賃請求の民事訴訟をして、建物明渡の強制執行という基本的な流れでも、今回の借主Tのように、重病で動けない債務者の場合、建物明渡の強制執行はできません。そういったときは、役所の福祉事務所という公的な力を借りることが、スムーズな解決方法の一つとなります。また今回のようなケースに限らず、家賃滞納トラブルにおいては、積極的に、役所の支援を求めることをお勧めします。世間一般には認知されていない支援制度が多くあるからです。

写真6-2

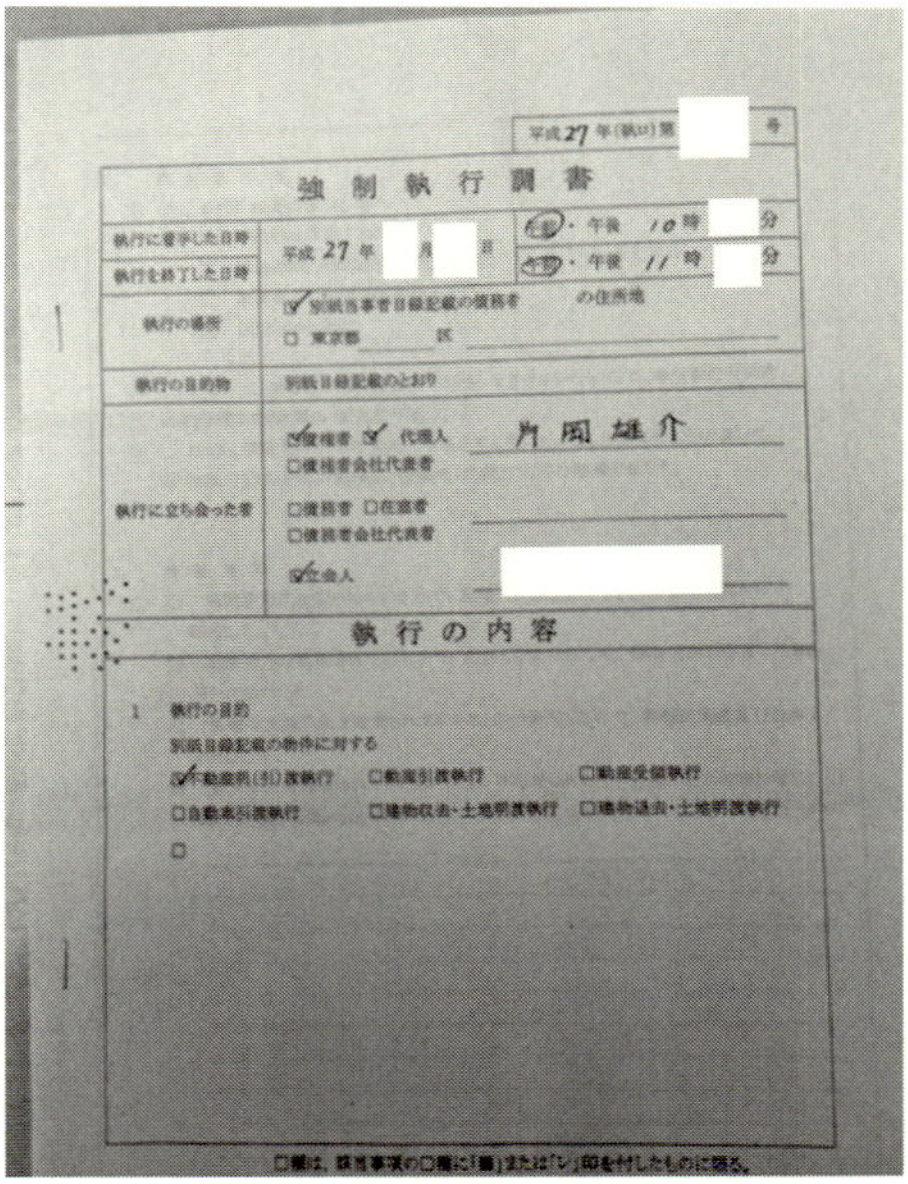

平成27年(執ロ)第[redacted]号

強制執行調書

執行に着手した日時	平成27年[redacted]月[redacted]日	午前・午後 10時[redacted]分
執行を終了した日時		午前・午後 11時[redacted]分
執行の場所	☑別紙当事者目録記載の債務者　の住所地 □ 東京都　区	
執行の目的物	別紙目録記載のとおり	
執行に立ち会った者	☑債権者 ☑代理人　片岡雄介 □債権者会社代表者 □債務者 □在宅者 □債務者会社代表者 ☑立会人　[redacted]	

執行の内容

1　執行の目的

別紙目録記載の物件に対する

☑不動産明(引)渡執行　□動産引渡執行　□動産受領執行

□自動車引渡執行　□建物収去・土地明渡執行　□建物退去・土地明渡執行

□

□欄は、該当事項の□欄に「■」または「レ」印を付したものに限る。

【1　特定記録郵便について】

先ほど内容証明郵便と、特定記録郵便という単語が出てきました。内容証明郵便というのは書留ですので、相手が受け取らないとその郵便物は郵便局に戻って、相手に「何月何日まで郵便局に留め置きます（これを「留置期間」といいます）。これを取りに来ないと郵便物は送り主に戻りますから」と知らせ、留置期間内にその相手が郵便物を郵便局へ取りに行かなければ郵便物は送り主に戻る、というものです。そして、賃料を滞納しているような方が郵便物を郵便局へ取りに行くというのは、通常考えにくいです。そこで、特定記録郵便を利用するということが考えられます。特定記録郵便というのは、ご存知の方もいらっしゃるでしょうが、これはポストに投函されます。書留と違うのはポストに投函されるということです。それと、この点は書留も同様なのですが、日本郵便のホームページで「追跡サービス」というものがあって、このサービスを使うと、郵便物を追跡でき、郵便物が相手に到達したかどうかということがわかります。CFビルマネジメントはそれプラス、賃借人宅に郵便物のコピーを持っていく、ということもやっています。

以上のような滞納家賃の催告と、解除権発生の根拠としての催告と解除の意思表示を到達させる方法がありますが、実務上はＣＦビルマネジメントがやっている方法がベストだと思います。ただ最高裁平成10年6月11日の判例で、解除の意思表示をする旨の内容証明郵便が、先ほどの留置期間が過ぎて送り主に戻ってきた場合について、解除の意思表示が賃借人に到達したのかということが争われた事件がありまして、最高裁は到達しているという判断をしました。

ですから、内容証明郵便のみで理屈としては十分といえば十分なのかもしれませんが、特定記録郵便、それに郵便物のコピーを相手に届けるというのはいいですし、後々、裁判のときでも、賃貸人としてこれだけのことをやったというので、裁判官の心証も良くなるのではないかな、と考えます。ですから、ここまで徹底的にやるのがよろしいんだろうと思います。

【２　連帯保証人の請求と特別送達について】

連帯保証人への請求の話がありましたが、保証契約については書面でしないと無効ですので（民法４４６条2項）、連帯保証人の保証については必ず書面でとっていただく必要があります。

それと、裁判の期日、第1回口頭弁論期日の話だったんですけれども、裁判所と原告であるこちらが、その両者で第1回期日を調整するので、第1回期日の調整に関しては被告、要するに、賃借人は参加していません。そして、裁判所から被告に対して、訴状や証拠などとともに「第1回口頭弁論呼出状及び答弁書催告状」という書面が同封され、送達されます。これは「特別送達」という方法で送達されます。この「特別送達」についても、本人が受け取らないと郵便物は裁判所に戻ります。その「第1回口頭弁論呼出状及び答弁書催告状」に、「第1回口頭弁論期日は何月何日ですから、その日に裁判所に出頭して下さい」と書いてあるんですけれども、被告がその郵便物を受け取らない場合、その郵便物は裁判所に戻ってきます。その後、裁判所から原告であるこちらに対して、被告に訴状を送ったが届かないから、被告の現状はどうなっているのか。送達した住所地は正しかったのかとか、居所、その辺についての調査をしてその結果を裁判所に報告せよ、との依頼が来ます。こちらはその調査依頼に対応して、調査報告書を作成し、裁判所に提出して、そこで裁判所から改めて、調査の結果に基づいた届け先へ郵送してもらうという方法です。これにより第1回口頭弁論期日が延びるということがあります。

ケース2　家賃滞納＋正体不明の人物発生

物件　東京都港区　ワンルームマンション15平方メートル
借主Y　20代男性
連帯保証人H　50代男性＝借主の父親

これは、ケース1と同じく、長期家賃滞納の結果、建物明渡請求の民事訴訟を提起して、建物明渡の強制執行で解決するパターンですが、その間に占有移転禁止の仮処分という法的手続を行っています。

ケース2の借主Yは、平成24年、東京都港区に所在するワンルームマンションの賃貸借契約を当社との間で締結しました。連帯保証人Hは借主Yの父親です。借主Yは、民間企業に勤める20代後半の男性で、連帯保証人Hは大手企業に長年勤めています。賃貸借契約締結前の入居審査の段階では、借主Yと連帯保証人Hの双方ともに、何の問題も見当たらない内容でしたが、契約締結後すぐ家賃の滞納が発生しました。

私が借主Yへ、滞納家賃の請求のために電話をすると借主Yは支払い、またその翌月も、家賃滞納が発生すると、私が借主Yへ電話して借主Yが支払う、というようなことを数カ月間、繰り返していましたが、そのうち私が借主Yへ滞納家賃を請求しても、借主Yは電話に応答せず支払わない、連帯保証人Hへ請求しても支払わないという状況になりました。

連帯保証人Hの内容ですが、年齢は50代で、有名な都市銀行の系列会社に30年以上勤務しており、東京西部に自宅として戸建てを所有しています。通常、こういう内容の連帯保証人は、こちらが滞納家賃を請求しますと、恐縮しながら支払うか、もしくは嫌々ながら支払ったりするのですが、この連帯保証人Hは、全く支払う様子を見せません。

借主Yと連帯保証人Hへ、電話と手紙で繰り返し滞納家賃を請求しても支払わない状況が続きましたので、私が建物を訪問し、呼び鈴を鳴らすと、まだ20代と思われる髪を茶色に染めた色黒の男性が応対してきます。

私は事前に、写真で借主Yの写真を確認していましたので、この玄関先に出てきた茶髪男性は、まったくの別人だと気づきます。それでも、万が一のこともありますので、私がこの茶髪男性へ「あなたは借主Yですか?」と尋ねますと、「いえ、違います。僕は、借主Yの友人で、たまたまこのマンションに遊びに来ているだけです」との回答。「では借主Yはいま室内にいますか？」と尋ねますと、「借主Yは、今出かけていて、部屋にはいません。帰ってくる時間もわかりません」と答えます。どこか不審な点は感じたのですが、私がこの茶髪男性へ、借主Yが家賃を滞納していることを説明してしまうと、借主Yの名誉が傷つけられる可能性もありますため、「私はこのマンションの管理会社の者ですけれど、賃貸借契約の件で訪問しました。借主Yへ私の名刺をお渡しください」と訪問した目的は告げずに、私は茶髪男性へ私の名刺を手渡して、その場を去りました。

その後、借主Yからの連絡はなく、また滞納家賃の支払もないので、もう一度、建物を訪問しますと、また先日と同じ茶髪男性が応対し、やはり「僕は借主Yの友人で、たまたま遊びに来ています」とのこと。

なお、私は一番最初の訪問のときに、建物のポストも合わせて見ていたのですが、ポストには借主Yではない別の人物の「KY」という名前が宛名として記載された役所の年金課からの郵便物が入っていました。

その後も、一向に支払も連絡もないため、もう一度建物を訪問しますと、また同じ茶髪男性が出てきます。もう互いに面識があるため、私も「すごく仲が良いんですね」としか言いようがないので、またこの茶髪男性へ私の名刺を手渡し、「借主Yへ、私宛に必ず連絡するように伝えてください」と言って立ち去ったのですが、このとき、建物のポストを見ますと、前回に見たものとはまた別の郵便物が、ＫＹ宛に届いていました。

後日、建物を訪問をしたのですが、次は借主ＹでもＫＹでもなく、「ＴＴ」という名前が記載された東京電力からの電気料金の請求書がポストへ届いています。

また別の日に建物を訪問しますと、ようやく借主Ｙ本人宛の郵便物が届いていたのですが、その郵便物の差出人を確認すると、債権回収株式会社とあります。やはり借主Ｙは、どこかで焦げ付いているのだなと思いながら、他の郵便物を見ると、次は「ＫＨ」という氏名が記載された東京電力からの電気料金の請求書……。

今の時点で建物のポストには、借主Ｙ、ＫＹ、ＴＴ、ＫＨと、これだけの郵便物が届いています。当社が契約しているのは借主Ｙです。いつも玄関先で応対する茶髪男性は、多分このＫＹ、ＴＴ、ＫＨのうちの誰かなのだろうと推測できますが、今後、契約とは関係のない人物がさらに増えていく可能性があります。

たとえば、もしこの借主Ｙと見知らぬ他３名、合計４名を相手に、「家賃を滞納しているから、建物を明け渡せ」という建物明渡請求の民事訴訟を提起した場合です。裁判所の判決が言い渡され後に、建物明渡の強制執行をしますが、その強制執行のときに、この４名以外の５番目の人物、たとえばヤマダさんとか、６番目のスズキさんとか名乗る人物が建物に居住していた場合どうなるかといいますと、建物明渡の強制執行はできません（図

6-3

たとえば、

1　借主Y

2　KY

3　TT

4　KH

上記４名を被告として、建物明渡請求の民事訴訟を提起

→「建物を明渡せ」の判決確定＝「債務名義」取得

建物明渡の強制執行の時に

上記４名とは別の人物が居住していればどうなるか？

強制執行不可

→ 建物明渡請求の民事訴訟を一からやり直し

表6―3)。

こちらが債務名義として持っていますのは、借主Y、KY、TT、KHの4名のみに対する「建物を明け渡せ」という債務名義であり、5番目のヤマダさん、6番目のスズキさんに対しては「建物を明け渡せ」の債務名義を持っていません。強制執行の催告のため、執行官が建物を訪問し、5番目、6番目の人物の居住の様子が見られたとき、その人物は強制執行の対象ではないため、執行官により「債務名義以外の人物が居住していますため、強制執行はできません」と判断されます。

そうするともう一度、建物明渡請求の民事訴訟のやり直しとなります。5番目のヤマダさん、6番目のスズキさんが建物に居住している。では、5番目のヤマダさん、6番目のスズキさんを被告として建物明渡請求の民事訴訟を提起し、無事に債務名義を取る。では、次こそは強制執行ができるかというと、強制執行の催告時、もし、7番目のサイトウさん、8番目のタカハシさんが出てきたら、また改めて一からやり直し。そうすると、延々と続いていき、いつまでたっても建物の明け渡しは完了せず、滞納家賃は膨れ上がります。

ちなみに、私がここで、借主Y以外の人物を把握できたのは、ポストの内容を確認していたからです。第4章で述べました訪問時のノウハウが、ここで生きてくるわけです。もし私が、訪問の都度、ポストの中を確認していなければ、KYや、TT、KHの存在を把握できていなかったでしょう。私が、訪問時にポストの中を確認することが重要というのは、このように、契約とは全く関係のない別の人物が住んでいないかどうかの確認もできるからです。

さて、このような事態になったときのために「占有移転禁止の仮処分」という法的手続があります（図表6―4）。建物明渡の強制執行のときに、債務名義を取った人物とは、全く関係のない人物が建物に居住していたとしても、事前にこの法的手続を取っておくことで、強制執行が可能となるのです。

現段階で、私がとりあえず把握していますのは、借主Y、KY、TT、KHの4名と、いつも玄関先で応対する茶髪男性の合計5名です。なお、茶髪男性は、ポストに郵便物が届いているKY、TT、KHのうちのどれかである可能性が高いのですが、全く別の人物である可能性も考え、合計5名としました。

「現在、借主Yは建物の家賃を滞納中だが、この建物にはこの合計5名が居住しており、その特定が困難である。建物明渡の強制執行時には、また別の第三者が居住している恐れがあるため、現在の居住者を特定して欲しい」という内容の占有移転禁止の仮処分を管轄の裁判所へ申し立てしますと、裁判所はこれを認め、裁判所の執行官の現地調査（＝占有移転禁止の仮処分執行）の結果、この建物に居住している人物は「借主Y、KY、TT、

6-4　占有移転禁止の仮処分

裁判所の執行官が、建物現地を確認したときに
その建物に居住していると思われる人物を特定

もし建物明渡の強制執行時に別の第三者が居住していても建物明渡の強制執行が可能

写真 6-3

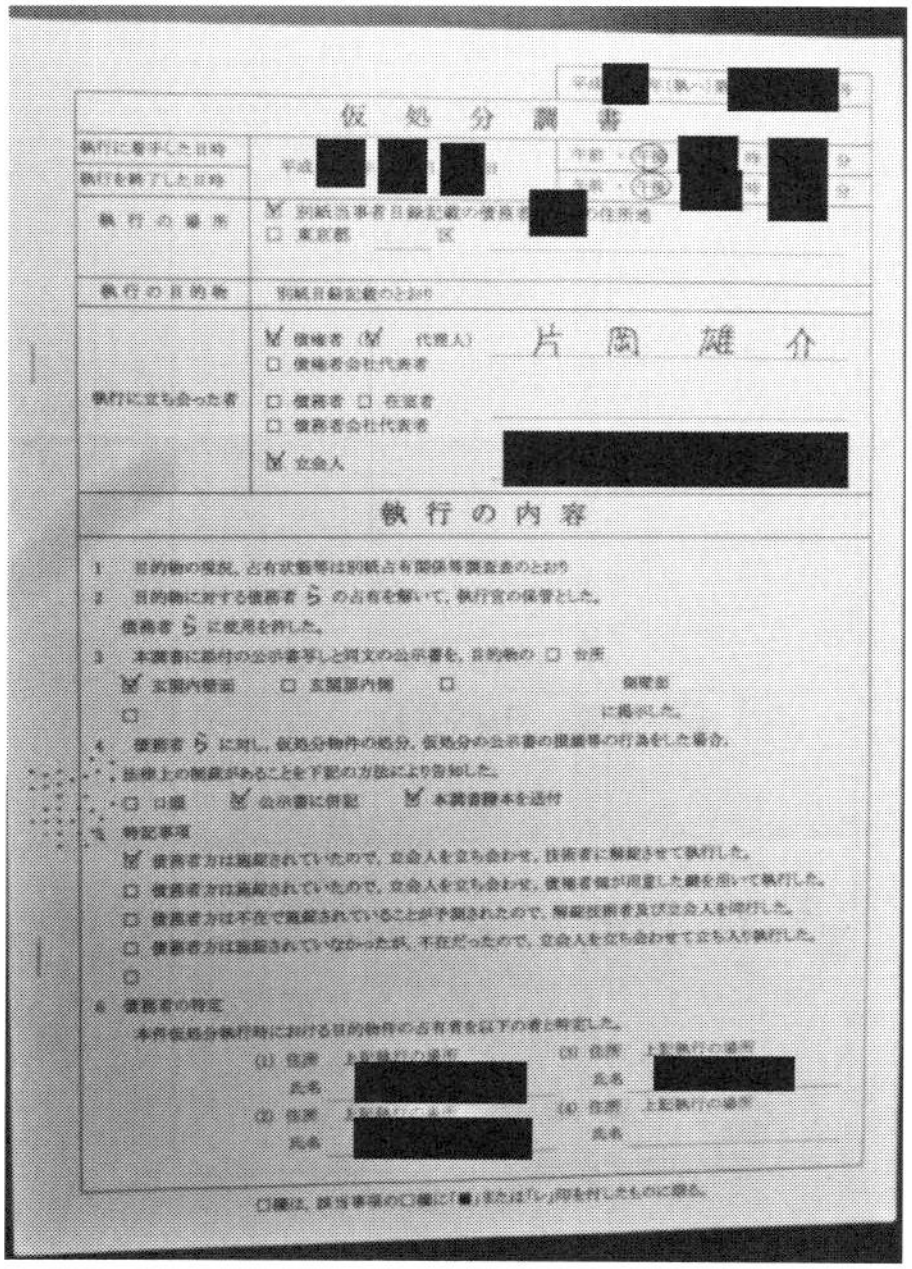

仮処分調書 [redacted]

片岡雄介

[redacted]

執行の内容

[redacted]

ＫＨ」の４名とされ、「仮処分調書」（写真6―3）が発布されました。

これで今後の建物明渡の強制執行の催告時、債務名義とは関係のない人物が居住していたとしても、強制執行ができます。このように、家賃を長期滞納しているにもかかわらず、建物の居住者が、勝手に変更される、もしくは増えていく可能性がある場合には、占有移転禁止の仮処分の手続をとるようにしています。

こういったケースは１年に１回か、多くても２回くらいです。稀にこういうことが起きるため、滞納家賃の請求のために訪問したとき、ポストの中を確認する作業を続けることはとても大切です。

さて、占有移転禁止の仮処分の手続が完了しますと、あとは先ほどのケース１と同じ流れです。今回の建物明渡請求と滞納家賃請求の民事訴訟の被告は、先述の仮処分で特定された４名と、連帯保証人Ｈです（図表6―5）。

今後の滞納家賃の回収ですが、借主Ｙは、債権回収会社からの請求書が届いているため、あちこちで借金を抱えている可能性が高く、回収の見込みは薄いと予測します。一方、連帯保証人Ｈは、大手企業に長年勤めており、また自宅も所有しているため、連帯保証人Ｈに対する債務名義さえ取得すれば、回収の可能性は高いでしょう。

そうして、裁判所に民事訴訟を提起して、１カ月後のある日、見慣れない弁護士事務所

6-5　占有移転禁止の仮処分

「建物明渡請求」＋「滞納家賃請求」の
民事訴訟を裁判所に提起

被告は合計５名

・建物明渡請求の被告	・滞納家賃請求の被告
1　借主Y	1　借主Y
2　KY	2　連帯保証人Ｈ（借主Ｙの父親）
3　TT	
4　KH	

↑
連帯保証人Ｈ＝滞納家賃の回収の目星…

裁判所で事件受理

１カ月後に
裁判所の法廷にて
第１回目の口頭弁論の予定

写真6-4

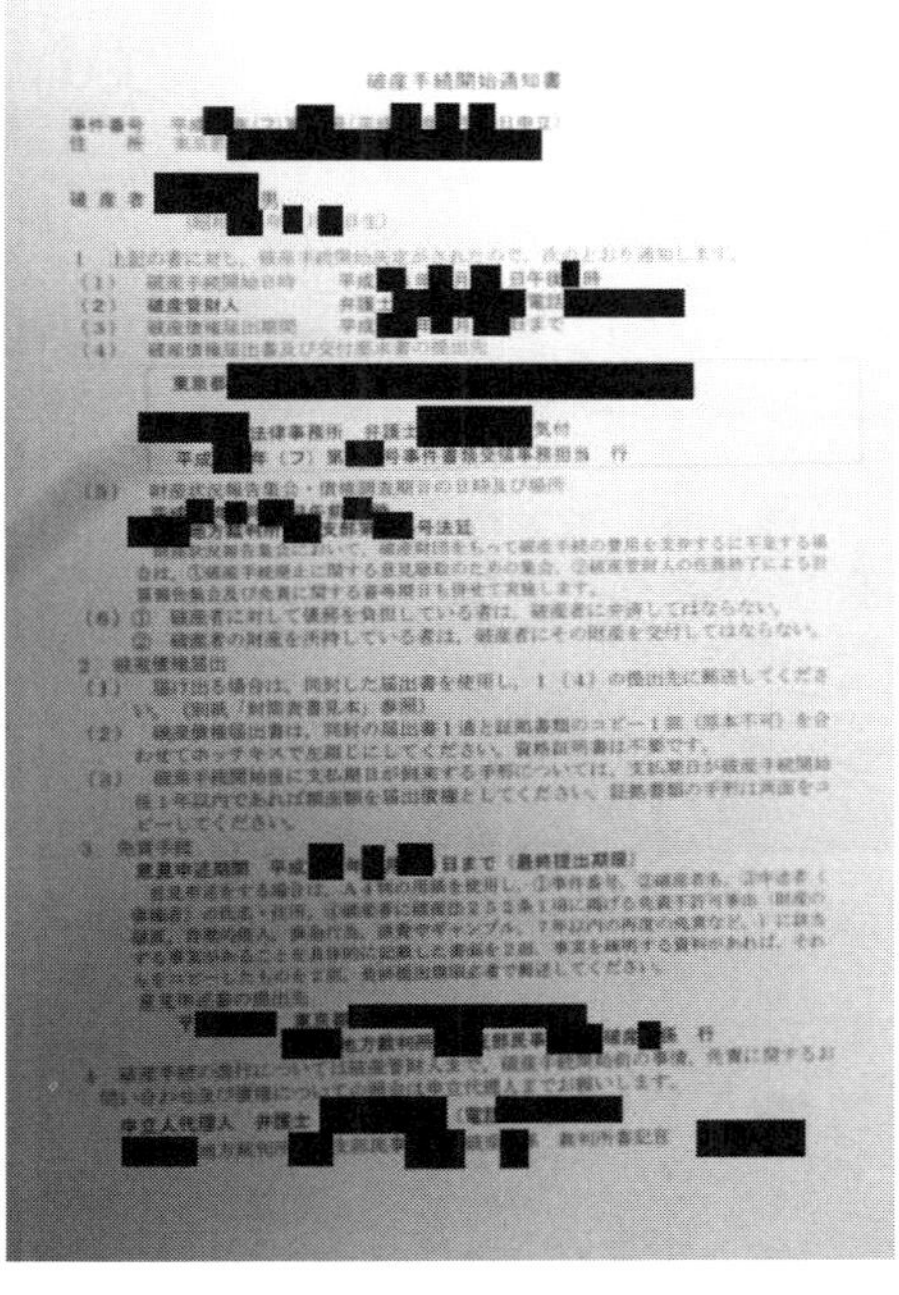
破産手続開始通知書

(6) ① 破産者に対して債務を負担している者は、破産者に弁済してはならない。

② 破産者の財産を所持している者は、破産者にその財産を交付してはならない。

からの郵便物が当社へ届いたため、何かと封筒の中身を確認しますと、連帯保証人Hの破産開始手続開始の通知書です（写真6—4）。連帯保証人Hの収入から考えますと、今回の建物の滞納家賃は、決して大きな金額ではないにもかかわらず、連帯保証人Hが、頑なに滞納家賃を一度も支払わなかったのは、連帯保証人H自身も、経済的に、相当苦しかったからでしょう。

民事訴訟の結果ですが、被告となっている5名は、何の答弁もせず、また第1回目の口頭弁論も無断欠席したため、口頭弁論は結審となり、当社の主張をそのまま認める判決が言い渡されました。なお、訴訟進行の途中、警察から当社へ「借主Yが借りているこの部屋の中を調べたい」との連絡があり、話を総合すると、おそらく、この建物が犯罪を行うグループの事務所として使われていたようです。

判決言い渡し後は、建物明渡の強制執行を裁判所へ申し立て、建物の明け渡しは完了と

写真6-5

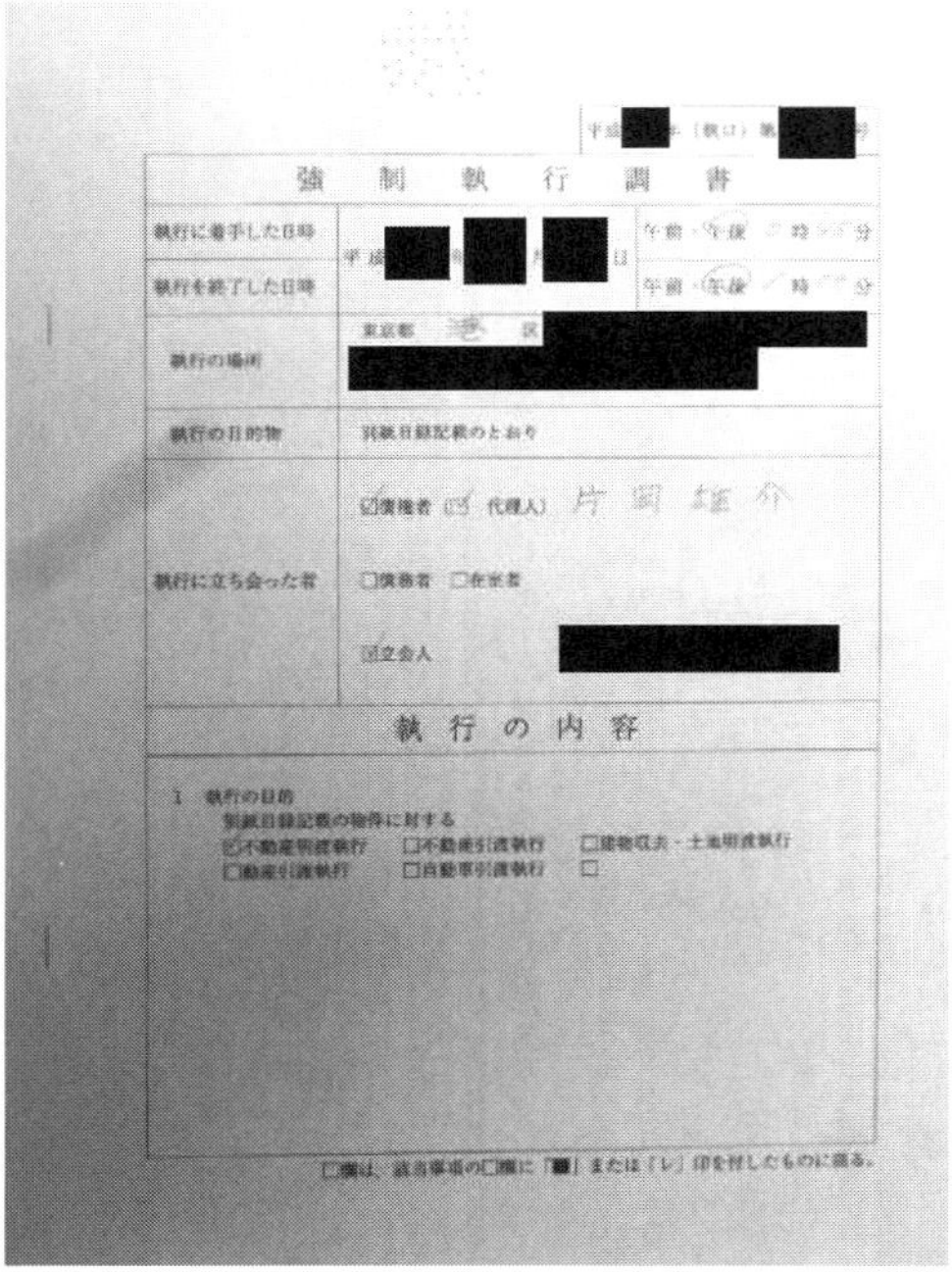

平成[redacted]年（執ロ）第[redacted]号

強制執行調書

執行に着手した日時	平成[redacted]年[redacted]月[redacted]日	午前・午後 時 分
執行を終了した日時		午前・午後 時 分
執行の場所	東京都 港 区[redacted]	
執行の目的物	別紙目録記載のとおり	
執行に立ち会った者	☑債権者（☑代理人）片岡雄介 □債務者 □在室者 ☑立会人 [redacted]	

執行の内容

1 執行の目的
別紙目録記載の物件に対する
☑不動産明渡執行 □不動産引渡執行 □建物収去・土地明渡執行
□動産引渡執行 □自動車引渡執行 □

□欄は、該当事項の□欄に「■」または「レ」印を付したものに限る。

なりました（写真6―5）。

そして、建物明渡完了後のある日、連帯保証人Hの破産管財人から当社へ簡易配当の通知が届きました。連帯保証人Hの支払債務は約3600万円で、当社の債権が約90万円です。支払債務約3600万円のうちから、連帯保証人Hの債権者たちへの配当金額は約70万円です。その配当金額約70万円からそれぞれの債権の割合に応じて配当されます。結局、当社への配当金額は約1万円となりました。（図表6―6）。

連帯保証人Hは、これで免責となります。あとは借主Yからの滞納家賃の残金の回収です。しかしながら、借主Yの住民票は、実家に住所を移した後、全く動きません。試しに、借主Yの実家を訪問してみたのですが、連帯保証人Hからも、借主Yの母親からも「借主Yとはもう縁を切りました。何年も連絡をとっていないから、行方はわかりません」と、家族からも見捨てられた状況です。現在、借主Yが、どこで何をしているのかはわかりません。借主Yの滞納家賃回収に向けて奮闘していますが、残念ながらいまだに回収の見込みはありません。

今回のように、建物を訪問して、借主とは全く関係のない人物が居住している、また今後、建物内に関係のない人物が増えていくことが予想された場合は、占有権移転禁止の仮処分（図表6―7）という法的手続の利用をおすすめします。

6-6

連帯保証人Ｈの債務総額
約 3,600 万円
＊当社債権額（＝滞納家賃）は約 90 万円

うち、連帯保証人Ｈから債権者への配当金額
約 70 万円

うち、当社への配当金額　約 1 万円
約 1 万円を回収
連帯保証人Ｈからの回収はこれで終わり・・・

残るは借主Ｙからの回収を目指し
目下奮闘中！

6-7 利用した法的手続

- 占有移転禁止の仮処分
- 占有移転禁止の仮処分執行
- 民事訴訟
（建物明渡請求＋滞納家賃請求）
- 建物明渡の強制執行

【占有権移転禁止の仮処分について】

訴訟の口頭弁論終結後に被告から当該不動産の占有を承継した者には、判決の効力が及びますが（民事訴訟法115条1項3号、民事執行法23条1項3号）、口頭弁論終結前に被告から当該不動産の占有を承継した者や、当該不動産の不法占拠者等の承継によらないで当該不動産の占有を取得した者に対しては、判決の効力は及びません。たとえば、不動産の明渡請求訴訟において、訴訟が係属している間に、当該不動産の占有者Aさんが、その占有をBさんに移転してしまうと、Aさんに対する勝訴判決を得たとしても、当該不動産を現に占有しているBさんに対しては、強制執行をすることができません。つまり、原告は無駄な裁判をした、ということになります。ここに、占有移転禁止の仮処分の意味があります。すなわち、右の例でいえば、AさんがBさんへ当該不動産の占有を移転する前に、占有権移転禁止の仮処分を申し立て、Aさんに対して占有の移転を禁止し、そのAさんの占有を解いて執行官への引渡しを命ずることで、Aさんに対する勝訴判決でBさんに対しても強制執行できるようにする、これが占有権移転禁止の仮処分の理論的な説明です。

なお、占有移転禁止の仮処分は、訴訟とは別の手続で進められ、仮処分が認められるためには、担保金を納める必要があります（民事保全法14条）。

それと、占有移転禁止の仮処分という手続についてですが、占有移転禁止の仮処分の決定が出た後、2週間以内に、執行官に占有権移転禁止の仮処分の保全執行の申立てをするとかいろいろありますけれど、ご本人でやられる場合は別として、弁護士等に相談していただければスムーズに話が進むと思います。

ケース3　給料差押の方法

物件　東京都○○区所在　駐車場
貸主　当社
借主　借主O　男性（50代）新聞配達員
連帯保証人　なし

ケース3は、給料の差押によって滞納家賃を回収した事例です。

今回の借主Oが借りていた物件は、部屋ではなく駐車場です。借主Oは、50代の新聞配達員の男性です。駐車場の賃貸借契約ということで、連帯保証人をつけずに契約を締結しました。

これは、私が途中から引き継いだ案件で、借主Oは当社に対し、家賃を約10万円滞納した後、平成24年に駐車場を明け渡しました。この借主Oが、駐車場を明け渡した後、私が前任者より引き継ぎました。

この借主Oは、都内在住で、手紙、電話、訪問にて滞納家賃を請求しましたが、支払も連絡もなかったので、法的手続のうちの一つである「支払督促」の申し立てをしました。申立後も、相変わらず借主Oからは、連絡も支払もなかったため、借主Oの滞納家賃約10万円の債務名義を取りました（図表6—8）。

債務名義を取ったは良いものの、滞納家賃は全く支払がない状況が続きます。

借主Oは、当社との間で駐車場の賃貸借契約を締結したときは、東京都○○区の1Kのアパートに居住、次は隣の区のアパートへ引っ越し、そして4年後、横浜市内の1Kマンションへ引っ越しています。

横浜市内の1Kマンションを、滞納家賃請求のために繰り返し訪問していますと、そのマンションに借主Oの居住の様子が見られなくなりました。そのため、借主Oの住民票を取得してみますと、神奈川県の三浦郡へ転居しています。早速、その転居先と思われる住所へ行ってみます。**写真6—6**が、借主Oの転居先と思われる賃貸マンションです。

さて、この賃貸マンションの隣には、新聞販売店があります。なお、借主Oが、当社へ駐車場の賃借の申込をしたとき、その申込書に記載のある借主Oの職業は新聞配達員でした。借主Oは、この賃貸マンションに居住していて、賃貸マンションの隣には新聞販売店

6-8

駐車場の明渡し＝平成 24 年
滞納家賃＝約 10 万円

簡易裁判所へ「支払督促」を申立
　債権者：当社
　債務者：借主O
　　→借主Oからは異議申立なし
　　⇒「債務名義」取得

写真 6-6

があります。

これはもしかすると、借主Ｏが、この新聞販売店に勤めている可能性があります。もし、そのとおりであれば、この新聞販売店から借主Ｏに対し支払われる給料の差押ができます。

なお、給料の差押をするときですが、債務者の勤務先である法人の商号が、裁判所への申立て時に必要となります。たとえば、債務者の勤務先が「片岡ラーメン店」であっても、これが商号であるとは限りません。「片岡ラーメン店」は屋号であり、このラーメン店を経営しているのは「片岡食品株式会社」という法人の場合もあります。

この借主Ｏが勤めているかもしれない新聞販売店の看板を見ますと、〝株式会社〟とか〝有限会社〟という名称は見当たらず、「〇〇サービス」としか掲示されていません。商号を確認するべく、インターネットで、あれこれと検索してみましたが商号は見つかりません。

どうしたら新聞販売店の商号を知ることができるのかですが、私は、以前、とある先生に次のようなことを教えてもらいました。

「ＡさんとＢさんは互いに知り合いだが、ＡさんとＢさんは、Ｃさんのことを全く知らない。Ｃさんは、Ｂさんに関する情報をＡさんから聞き出したい。そういうとき、ＣさんがＡさんからＢさんに関する情報を聞き出すにはどうすれば良いのか？

たとえば、ＡさんがＣさんへ、Ｂさんに関する情報を教えた場合、〝もしここで、ＣさんへBさんに関する情報を教えると、Bさんが不利益を被るかもしれない〟と、Aさんが判断すると、AさんはCさんへ、Bさんに関する情報を教えない傾向がある。反対に、〝CさんへBさんに関する情報を教えると、Bさんは利益を得る〟と、Aさんが判断すると、AさんはCさんへ、積極的にBさんに関する情報を教える傾向がある」。

私はこの教えを応用して、新聞販売店の法人の商号が「株式会社T」であることを聞き出すことに成功しました。私が、どのようにして、聞き出したかは伏せておきます…。

そして、借主Oが株式会社Tに勤めているのかどうかは確信できませんが、借主Oが、新聞販売店の隣に居住しているので恐らくそうであろうと、裁判所へ給料差押を申し立ててみました。

すると思惑どおり、新聞販売店である株式会社Tには、借主Oの毎月給料の差押分がありました。ちなみに、給料の差押ですが、もし給料を全額差し押さえとなると、差し押さえられる債務者の生活が厳しくなるということで、その月の給料の手取額の4分の1のみが差押の対象となります（図表6−9）。たとえばその月の給料の額面が25万円で、手取り額が20万円だとしますと、手取り額20万円の4分の1である5万円が差押可能な金額です。

さてこうして、株式会社Tから当社へ、滞納家賃全額が回収できるまで、差し押さえ分

6-9

裁判所へ
給与債権差押執行を申立
債権者：当社
債務者：借主O
第三債務者：株式会社T（新聞販売店）
　→株式会社Tから当社へ
　　借主〇の毎月の手取り額の4分の1ずつ支払
　→完済

の金額が支払われ、その後、完済となりました。

【利用した法的手続】
・支払督促（滞納家賃請求）
・給与債権差押の強制執行

【給与の差押について】

給与・賞与等の差押えについては、民事執行法１５２条に規定があります。条文ではその給付額の４分の３に相当する部分は差し押さえてはならない、つまり、４分の１は差し押さえていいということになっています。ただ、実はこの「４分の１」というのが、たとえば手取り20万円の人だったら5万円差し押えて15万円を本人が受け取るということですが、月収１００万円の人の場合は、そのうち25万円差し押えて75万円を本人が受け取るというのは、それはさすがにどうかということがありまして、民事執行法１５２条には「給与の４分の３に相当する部分（その額が標準的な世帯の必要生計費を勘定して政令で定める額を超えるときは、政令で定める額に相当する部分）は、差し押さえてはならない」と規定されています。目安としては、手取りが44万円以下の方だと４分の1が押さえられる、４分の３は押さえられない。44万円以上の方だと、33万円を引いた残りの額すべてを差し押さえることができるという計算になります。つまり、給与の差押えの際は、本人の手元に残るのは最大限33万円というのが、民事執行法１５２条の規定です。

ケース4　給料差押ができないとき

物件　東京都葛飾区　　１K賃貸マンション
契約　平成16年
貸主　当社（平成20年　旧貸主から承継）
借主Ｉ　　男性（30代）職業　契約時の勤務先は退職済み、不明
連帯保証人Ｋ　男性（40代）東京都内在住
職業　契約時の勤務先は退職済み、不明

先ほどのケース3は、給料の差押で回収した事例ですが、今回は、給料を差押えしたものの、債務者の勤務先から差押え分の金額が入ってこなかったときの事例です。

これも私が途中で引き継いだ案件ですが、平成20年頃、旧貸主から当社が、葛飾区の１Ｋマンションの賃貸借契約を承継しました。

平成24年ごろ、借主Ｉは、葛飾区の１Ｋマンションの家賃を約10万円滞納したまま、近

所へ引っ越しましたが、借主Iと連帯保証人Kは、滞納家賃を支払う様子を見せません。借主Iと連帯保証人Kの双方へ、手紙、電話、訪問で請求をしましたが、支払も連絡もなかったので、法的手続の「支払督促」を申し立てしました。

やはり何の連絡も支払もないので、そのまま債務名義取得となりました（図表6―10）。債務名義取得後も、借主Iと連帯保証人Kの差押えるものが不明でしたため、引き続き、借主Iと連帯保証人Kへ手紙、電話、訪問にて請求を続けていました。

ある日、借主Iの自宅を訪問してみますと、引っ越した様子があります。借主Iの転居先を調べるために住民票を取得しますと、写真6―7が借主Iの住民票ですが、住所の欄に「東京都葛飾区（株）S興業寮」とあります。株式会社S興業寮を居住の場所としているのであれば、その勤務先は株式会社S興業であることはほぼ確実でしょう。早速、管轄の裁判所へ、同社に対する給料差押の申立をしました（図表6―11）。

給料差押を裁判所へ申し立てしますと、通常、債務者の勤務先である第三債務者は、裁判所と債権者へ〝第三債務者陳述書〟を送付します。これは何かといいますと、債務者を雇用しているのかどうか、また雇用しているのならその給料の金額はいくらか、などが記載されています。今回も、借主Iの勤務先と推測される株式会社S興業から当社へ、陳述書（写真6―8）が届きましたため、私が「借主Iの給料はいくらくらいだろう」とのん

6-10

解約＝平成 24 年

東京都〇〇区の賃貸アパートへ転居

滞納家賃＝約 10 万円

→ 借主Ｉ・連帯保証人Ｋは支払わない

裁判所に「支払督促」を申立

債権者：当社

債務者：借主Ｉ・連帯保証人Ｋ

→借主Ｉ・連帯保証人Ｋからは異議申立なし

⇒「債務名義」取得

写真 6-7

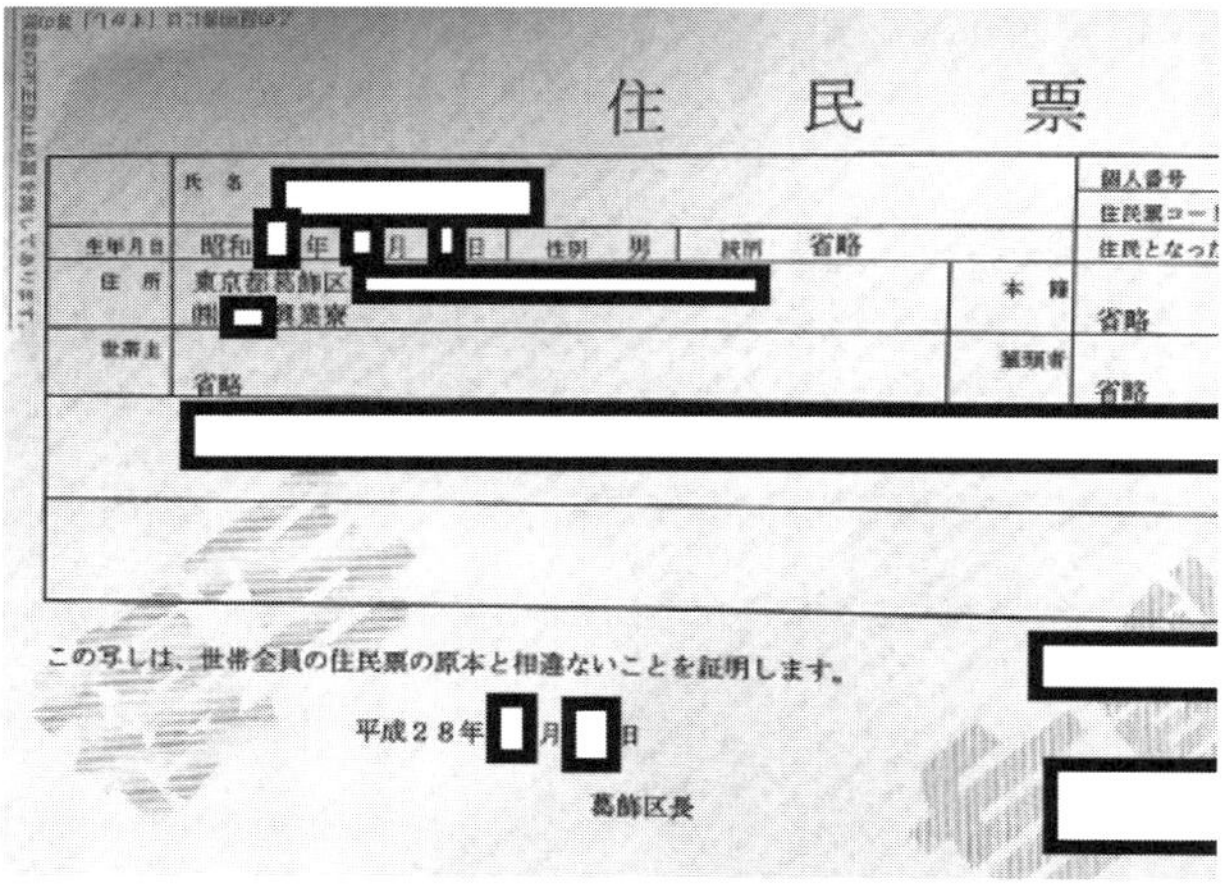

住民票

氏名 [redacted]

生年月日 昭和[redacted]年[redacted]月[redacted]日 性別 男 続柄 省略

住所 東京都葛飾区[redacted]

[redacted]興業寮

世帯主 省略

本籍 省略

筆頭者 省略

[redacted]

この写しは、世帯全員の住民票の原本と相違ないことを証明します。

平成２８年[redacted]月[redacted]日

葛飾区長

[redacted]

転居先　東京都葛飾区●●（株）S 興業寮

びりした気持ちで、その陳述書の内容を確認しますと、第三債務者である株式会社Ｓ興業は、借主Ｉを「全く雇用したことがない」という回答です。

株式会社Ｓ興業が虚偽の記載をしているのかと疑ったのですが、本当に雇用していない可能性もありますため、借主Ｉの勤務先を確認する必要があります。

ではどうやって借主Ｉの勤務先を確認するかといいますと、**ケース3**でも出てきました、とある先生からの教えです。もう一つ別のパターンがあり、次のように教えてもらっていました。

「ＡさんとＢさんは互いに知り合いだが、ＡさんとＢさんはＣさんのことを全く知らない。しかしＣさんは、Ｂさんに関する情報をＡさんから聞き出したい。そういうとき、ＣさんがＡさんからＢさんに関する情報を聞き出すにはどうすれば良いのか？

ＡさんがＣさんへ、Ｂさんに関する情報を教えなかった場合、〝Ｂさんが困ることはない〟と、Ａさんが判断すると、ＡさんはＣさんへ、Ｂさんに関する情報を教えない傾向がある。

反対に、ＡさんがＣさんへ、Ｂさんに関する情報を教えなかった場合、〝Ｂさんが困るかもしれない〟と、Ａさんが判断すると、ＡさんはＣさんへ、Ｂさんに関する情報を教える傾向がある」

6-11

裁判所に給与債権差押執行を申立

債権者：当社
債務者：借主Ｉ
第三債務者：株式会社Ｓ興業

写真６-８

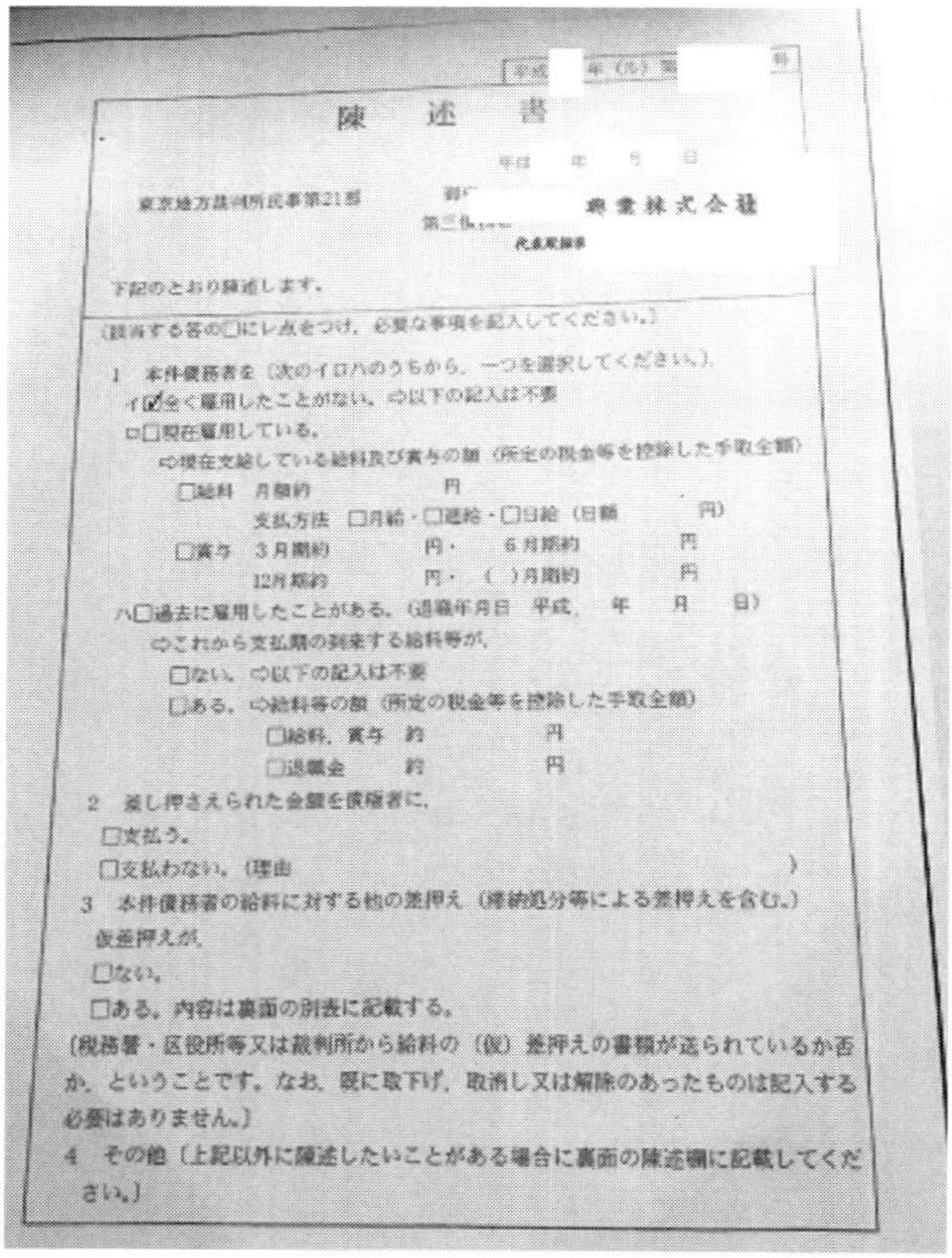

平成　年（ル）第　号

陳　述　書

平成　年　月　日

東京地方裁判所民事第21部　御中

第三債務者　興業株式会社

代表取締役

下記のとおり陳述します。

（該当する答の□にレ点をつけ，必要な事項を記入してください。）

1　本件債務者を（次のイロハのうちから，一つを選択してください。）

イ☑全く雇用したことがない。⇨以下の記入は不要

ロ□現在雇用している。

⇨現在支給している給料及び賞与の額（所定の税金等を控除した手取金額）

□給料　月額約　　円

支払方法　□月給・□週給・□日給（日額　　円）

□賞与　３月期約　　円・　６月期約　　円

12月期約　　円・（　）月期約　　円

ハ□過去に雇用したことがある。（退職年月日　平成　年　月　日）

⇨これから支払期の到来する給料等が，

□ない。⇨以下の記入は不要

□ある。⇨給料等の額（所定の税金等を控除した手取金額）

□給料，賞与　約　　円

□退職金　約　　円

2　差し押さえられた金額を債権者に，

□支払う。

□支払わない。（理由　　）

3　本件債務者の給料に対する他の差押え（滞納処分等による差押えを含む。）

仮差押えが，

□ない。

□ある。内容は裏面の別表に記載する。

（税務署・区役所等又は裁判所から給料の（仮）差押えの書類が送られているか否か，ということです。なお，既に取下げ，取消し又は解除のあったものは記入する必要はありません。）

4　その他（上記以外に陳述したいことがある場合に裏面の陳述欄に記載してください。）

この教えを応用しまして、借主Ｉの勤務先が「株式会社Ｓ興業」ではなく、「有限会社Ｎ」という法人であることが判明しました。有限会社Ｎの全部事項証明書を取得し、確認してみますと、取締役欄に記載されている人物が株式会社Ｓ興業の取締役と同一でしたため、どうやら関連会社のようでした。私が、借主Ｉの勤務先が有限会社Ｎであることを聞き出した方法はここでも伏せておきます…。

ということで、無事、借主Ｉの勤務先がわかりましたため、借主Ｉを債務者、有限会社Ｎを第三債務者として、管轄の裁判所へ給料差押の申し立てをしました（図表6―12）。

すると、今度は、第三債務者である有限会社Ｎから届くはずの陳述書が、当社へ届かず、また差押え分に関する支払の連絡も全くありません。もしかしたら、有限会社Ｎが、裁判所からの通知を見逃しているのかと思い、私が有限会社Ｎに対し、「有限会社Ｎと借主Ｉ間の給料差押を申し立てしているので、差押えている分を、当社へ支払ってください」という内容の通知書を内容証明郵便にて送りましたが、何の音沙汰もありません。

では、今後、どのようにして対応していけば良いかといいますと、有限会社Ｎは、借主Ｉの雇用主であり、借主Ｉへ給料を支払っているにもかかわらず、その差押分を当社へ支払わない、これは有限会社Ｎの支払債務の不履行です、ということで、有限会社Ｎが新しく当社の債権請求の対象者となるのです。

6-12

裁判所へ給与債権差押執行を申立

債権者：当社
債務者：借主Ｉ
第三債務者：有限会社Ｎ

有限会社Ｎからは、音沙汰なし
→有限会社Ｎに対し
給与債権差押分の支払を促す催告書を
内容証明郵便＋特定記録通便で送付
→有限会社 Ｎ からは音沙汰なし

当社が、裁判所へ申し立てている差押分は、借主Iの毎月の給料の手取り額4分の1です。借主Iの手取り額は不明ですが、手取り額4分の1の金額を5万円と推定し、有限会社Nの支払債務不履行分の金額が、滞納家賃分と同額以上になるまで、とりあえず放っておきました（図表6―13）。

そうして、時期をみて、「当社が有している、有限会社Nから借主Iへ支払う給料の差押分の債権を、有限会社Nが当社へ支払わないため、当社は有限会社Nに対し支払うよう請求する」という内容の取立金請求の民事訴訟を、裁判所へ提起しました。

裁判所での第1回目の口頭弁論当日、有限会社Nの代表者が出廷し、「この度は、誠に申し訳ございませんでした。これからは毎月分割して支払っていきます」という内容で、裁判上の和解が成立し、その後、完済となりました。

【利用した法的手続】
- **支払督促（滞納家賃請求）**
- **給与債権差押の強制執行1回目**
- **給与債権差押の強制執行2回目**
- **民事訴訟（取立金請求）**

6-13 取立金請求

第三債務者である有限会社Nが当社に支払うべき借主Iの給与の差押分を支払わない

→有限会社N＝支払債務の不履行

・有限会社Nに対し、給与の差押分を支払うよう請求
・給与債権差押は、手取り額の４分の１までが差押可能
・滞納家賃満額が回収できる時期まで放っておく

【裁判管轄について】

取立金と取立訴訟については、片岡さんが前述したとおりで、特につけ加えるところはありません。それでは、取立訴訟をどこの裁判所に訴えるのか、ということを説明します。これを裁判管轄といいます。民事訴訟法では、被告の住所地、法人の場合はその主たる事務所の住所を管轄する裁判所に訴えを提起せよ、ということを原則にしています（民事訴訟法4条1項4項）。ですので、この場合は有限会社Nの本店所在地を管轄する裁判所に訴えを提起します。また、このケースは給与債権を差し押さえたことに基づく債権の取立訴訟ですので、その給与が有限会社Nから、Iさん名義の銀行口座へ振込み送金による形態であるとすると、有限会社NがどこでIさんに対する給与支払債務を履行しなければならないのか、つまり、有限会社NのIさんに対する給与支払債務という義務の履行地はどこなのか、ということが問題になります。もし義務の履行地がIさんの住所地ということであるならば、その義務履行地にも裁判管轄がありますので（民事訴訟法5条1号）、最初のIさんに対する裁判所と同じ裁判所に訴訟提起することもできるということです。裁判管轄というのも、なかなか複雑ですので、被告の住所地を管轄する裁判所には適法に訴えを起こせるということを押さえておいてください。

ケース5　連帯保証人の相続

物件　神奈川県横浜市所在　1Rアパート
契約　平成20年
貸主　当社
借主　IE　20代女性　会社員
連帯保証人　IT　60代男性　千葉県在住

ケース5は、連帯保証人の相続人に対する滞納家賃の請求という案件の事例です。

今回の借主IEは、20代前半の女性で、平成20年に当社との間で、神奈川県横浜市内の1Rアパートの賃貸借契約を締結し、以降、長年居住されていました。

連帯保証人ITは60代男性で、借主IEの父親です。借主IEは、毎月、真面目に家賃を支払っていましたが、平成28年のある日、家賃滞納が発生し、私が請求しても、連絡は一切とれず、支払も全くありません。借主ＩＥの勤務先に在籍確認すると、ずいぶん前に退職済みとの回答。

このような場合、連帯保証人へも合わせて請求するのが通常の流れですが、連帯保証人ＩＴへ電話をかけると「現在使われておりません」のメッセージが流れます。

滞納家賃請求の手紙を、連帯保証人ＩＴの住所へ郵送すると、「宛所尋ね当たらず」で郵便物が返送されてきます。もしかすると、連帯保証人ＩＴが、引っ越しでもして、それで電話番号と住所が変わったため連絡が取れないのかと思い、連帯保証人ＩＴの現住所確認のため、連帯保証人ＩＴの住民票を取得しますと、何と「平成27年〇月〇日に死亡」との記載があります。

とりあえず、連帯保証人ＩＴはさておき、借主ＩＥからの回収を目指しますが、借主ＩＥ、相変わらず連絡も取れず、また支払もない状況が続きます。連絡が取れれば、借主ＩＥへ今後のことでアドバイスもできますが、連絡が取れない場合は、ケース1と同じく建物明渡請求の民事訴訟での解決となります。

まず、賃貸借契約の解除の催告のため、通知書を、内容証明郵便、特定記録郵便、建物訪問の方法で借主ＩＥへ送ります。そうして、滞納家賃の支払期日になっても、支払も連絡もなかったため、支払期日の翌日に契約解除としました。建物を改めて訪問しますと、電気メーター、ガスメーター、水道メーターがすべて停止しています。またポストの中は、チラシ等の滞留物で溢れかえっています。これらの状況から、借主ＩＥが夜逃げしたような形跡がみられましたため、玄関ドアの蝶番にセロハンテープを貼り、再度、日を改めて建物を訪問しますと、セロハンテープはそのままでしたため、警察官同行のもと室内の安否確認を実施しました。室内は、家財道具が一切なく、埃が積もっているだけの空の状態で、玄関ドアの鍵が部屋の隅へ残されています。合わせて借主ＩＥの住民票を取得しますと、もう借主ＩＥは、この建物とは別の横浜市内の住所へ引っ越しています。

このような、「借主に対し、家賃滞納の信頼関係破壊による賃貸借契約解除の通知書を送った後、契約解除日を過ぎても支払・連絡がない、室内を見ると、家財道具が一切なく、玄関ドアの鍵が室内に残されている」といった場合、借主が建物の占有の意思を放棄した＝建物の明け渡し完了としています。

建物明渡請求の民事訴訟を提起して、建物明渡の強制執行という流れでの解決方法もありますが、今回のような、明らかに夜逃げしているような状況の場合、民事訴訟から強制執行までの約6カ月から7カ月の間、滞納家賃を膨れ上がらせるだけとなりますため、状況次第で、どのようにするかを判断しています。

さて、借主ＩＥは、横浜市内の別のアパートへ引っ越しています。その後、借主ＩＥの滞納家賃に対する債務名義を取得したものの、借主IEの差押対象が見つかりません。現地調査やインターネットでの検索など手を尽くしましたが、手掛かりが見つかりません。

　ここで平成27年に死亡した連絡保証人ITの出番となります。戦前の最高裁判所である大審院の昭和9年の判決には、「賃貸借契約における保証人の相続人は、その相続開始後発生する賃料債務についても、保証の責がある」とあります（図表6—14）。そのため、この判例によれば、連帯保証人ITの相続人へ滞納家賃の請求が可能ということです。

　余談になりますが、別の相続人への滞納家賃請求案件で裁判所へ訴えたとき、当時担当した裁判官はこの大審院の判例を知らなかったらしく、「連帯保証人の相続人へ請求をするのはおかしくないですか？」と裁判官に言われ、私が「いやいや、こういう大審院の判例がありますよ」と答えますと、裁判官がいったん、法廷の裏手へ引き下がり、判例があるのかどうかを調べていました。どうやらあまり知られていない判例のようです。

　さて、まず連帯保証人ITの相続人を調査する必要があります。一般債権者が、第三者請求として役所へ住民票を請求する場合、その請求対象者の本籍地と戸籍筆頭者が不明の場合、役所は本籍地と戸籍筆頭者の記載がある住民票の交付を拒みます。ただし、請求対象者がすでに死亡している場合、役所は本籍地と戸籍筆頭者の記載がある住民票を交付してくれます。〝請求対象者の相続人への債権請求のために、相続人調査をする必要がある〟

という正当な理由があるからです。これによって死亡した債務者の相続人調査が可能となります（図表6―15）。

6-14　賃貸借契約の保証について

大審院昭和９年１月 30 日判決
「賃貸借契約における保証人の相続人は、その相続開始後発生する賃料債務についても、保証の責がある」
→ 連帯保証人ＩＴの相続人へ滞納家賃を請求

6-15 住民票の請求

・債務者の「本籍地」「戸籍筆頭者」が不明の場合
役所に、「本籍地」「戸籍筆頭者」の記載がある債務者の住民票を請求しても、役所は住民票への記載を断る（＊一般債権者の場合）

・ただし、債務者が死亡した場合
「本籍地」「戸籍筆頭者」の記載がある債務者の住民票の請求を認めてくれる。
→ 債務者の相続人調査が可能になる

こうして、連帯保証人ＩＴの戸籍を取得しますと、連帯保証人ＩＴの戸籍には、「養子とする縁組届け出」や、「協議離婚届け出」、「協議離縁」といった文言の記載があります。戸籍の内容をまとめると、①平成２年、連帯保証人ＩＴと、借主ＩＥの母親が婚姻、②同日、連帯保証人ＩＴと借主ＩＥが養子縁組、③平成12年、連帯保証人ＩＴと、借主ＩＥの母親が離婚、④同日、連帯保証人ＩＴと借主ＩＥが離縁、このような流れがわかりました。

ちなみに当社と借主ＩＥとの間で、賃貸借契約を締結したとき、連帯保証人ＩＴは借主ＩＥの父親と名乗っていましたが、戸籍上は父親ではなかったようです。

さて、戸籍での調査の結果、連帯保証人ＩＴには、法定相続人が２名いることがわかりました。法定相続人は、連帯保証人ＩＴの妹２名で、ともに千葉県在住です。

２名とも、千葉県内の山間部に居住しているらしく、私もなかなか訪問しづらい場所のため、ひとまず、次のような請求書を送ることにしました。

「連帯保証人ＩＴが死亡しまして、あなたは法定相続人です。連帯保証人ＩＴは借主ＩＥの連帯保証人となっていました。借主ＩＥは当社に対し滞納家賃があります。そのため、法定相続分に則って、当社に対し滞納家賃を支払ってください」という内容の請求書を作成し、これを、内容証明郵便と特定記録郵便で、法定相続人である妹２名へ郵送しました

（写真６―９）。

写真6-9

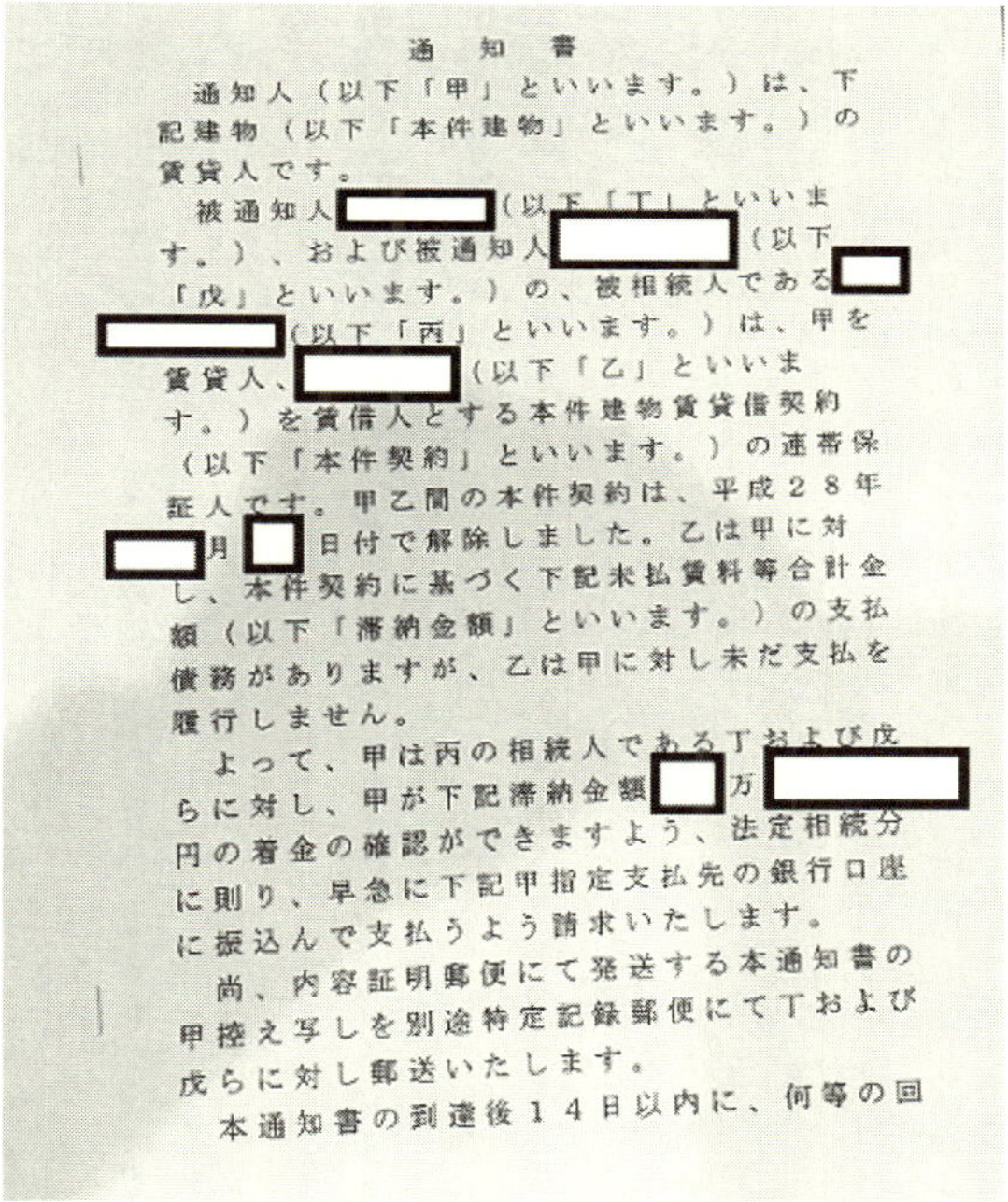

通　知　書

通知人（以下「甲」といいます。）は、下記建物（以下「本件建物」といいます。）の賃貸人です。

被通知人[redacted]（以下「丁」といいます。）、および被通知人[redacted]（以下「戊」といいます。）の、被相続人である[redacted]（以下「丙」といいます。）は、甲を賃貸人、[redacted]（以下「乙」といいます。）を賃借人とする本件建物賃貸借契約（以下「本件契約」といいます。）の連帯保証人です。甲乙間の本件契約は、平成２８年[redacted]月[redacted]日付で解除しました。乙は甲に対し、本件契約に基づく下記未払賃料等合計金額（以下「滞納金額」といいます。）の支払債務がありますが、乙は甲に対し未だ支払を履行しません。

よって、甲は丙の相続人である丁および戊らに対し、甲が下記滞納金額[redacted]万[redacted]円の着金の確認ができますよう、法定相続分に則り、早急に下記甲指定支払先の銀行口座に振込んで支払うよう請求いたします。

尚、内容証明郵便にて発送する本通知書の甲控え写しを別途特定記録郵便にて丁および戊らに対し郵送いたします。

本通知書の到達後１４日以内に、何等の回

それから数日後、私宛に、聞きなれない女性から電話があり、「すみません。私は、借主ＩＥの母親です。どうやら私の娘の家賃が入っていないということで、先ほど、ずいぶん前に離婚した連帯保証人ＩＴの親せきが、突然うちに来まして。封筒をたたきつけて帰っていったのですけれど。その封筒の中を見ますと、これまで見たこともないような恐ろしい書類が入っていまして。その書類に片岡さんの名前と連絡先が書いてありましたので電話しました」。

私は、そんな恐ろしい書類を作った覚えも送った覚えも全くありませんでしたため、「言いがかりはやめてください。そのようなものを、送った覚えはありません！」と、少しムッとしながら言い返したのですが、この借主ＩＥの母親を名乗る女性からよくよく内容を聞いてみますと、「もしかしたら、あの内容証明郵便で送った請求書のことかな？」と思いあたります。

私は、何百通と、似たような書類を作成し、内容証明郵便で郵送していますので、もうすっかり見慣れてしまって、恐ろしいという感覚が全然ないのです。だから、最初はわからなかったのですが、初めてこの書類を見た人は恐ろしく感じるのかと思い、反省しました。

借主ＩＥの母親は、「連帯保証人ＩＴとはずいぶん前に別れていまして、連帯保証人ＩＴの親族とも、もう縁が切れていますので、あちらの方たちに請求するのを、止めて欲しいのですけれど？」。弱り切った様子で、懇願されますが、私は当然断ります。

「やっぱり、私が代わりに支払うしかないのですね。私の娘のことですから、仕方がないですよね…」ということで話は落ち着き、借主ＩＥの母親が滞納家賃を全額支払い、無事全額回収となりました。

今回は、連帯保証人の相続人へ滞納家賃を請求したにもかかわらず、これまで全く登場しなかった借主ＩＥの母親が、親族間の関係性から、全額支払うという、稀なケースです。

「相続」は「争族」といったところでしょうか。

なお、相続人へ滞納家賃を請求したものの、相続放棄をされてしまい、相続人から回収ができないケースもあります。それでも、今回のように、相続人以外の思わぬ人物から、回収できることもありますので、請求対象者の死亡が判明しましたら、まずは相続人を調査し、請求することが第一歩かと思います。

【利用した法的手続】

・支払督促（滞納家賃請求）

【連帯保証人の相続について】

昭和9年1月30日の判決は、賃貸借契約における保証人の相続人は、その相続開始後に生じた賃料債務についても、保証債務を負う、というものですが、ご存じのとおり、昭和9年は、大日本帝国憲法下の制度ですので、そのころは最高裁でなく、大審院という名前で、これが今でいう最高裁に当たる、その大審院の判例です。実はこの判例は、保証人の相続開始後に生じた賃料債務について、保証人の相続人は保証責任を負うと書いてあるだけで、保証人の相続開始前に生じた賃料債務について保証人の相続人は保証債務を負うのか、実はこの点についての判断ではありません。この判例の事例は、連帯保証人が亡くなる前、つまり保証人についての相続が開始する前には延滞賃料が発生してなかったという事例で、その点について問題にならなかったというものなので、こういう判旨になったのだと思います。

では、連帯保証人が生前のときにすでに延滞賃料があって、その後、連帯保証人が亡くなったときに、連帯保証人の相続人は、相続開始時点で既に発生している延滞賃料に対する保証債務について相続するのか、つまり保証人の相続人は当該保証債務を負うのか、という点についてはこれはもちろん普通の相続ですので、民法の896条に、「相続人は、相続開始の時から、被相続人の財産に属した一切の権利義務を承継する」とあるように、相続開始前にすでに発生している保証債務についても相続する、ということになります。以上から、連帯保証人の死亡前、死亡後、双方について、連帯保証人の相続人は保証債務を負うというのが理屈です。

2020年4月1日に施行される改正民法については前に解説しましたが、そこで、賃貸借契約の保証が、民法の根保証契約として規定されたと説明をしました。根保証契約は、ある事由が発生すると、債務額が確定します。そして、確定後はもう債務額が動かないというのが根保証の特徴です。そして、その確定事由として、主債務者が死亡したときと保証人が死亡したときが規定されています（改正法465条の4第3号）。つまり、改正法によると、保証人の死亡によって保証額が確定しますので、その後には保証債務額の増減はないというのが条文解釈の帰結です。すると、先ほど紹介した「保証人の相続人は、その相続開始後、すなわち保証人の死亡後に生じた賃料債務についても保証債務を負う」とした大審院の昭和9年の判例とは異なる解釈が成り立ってしまうということになります。この点、今までの大審院の判例として、連帯保証人の相続については、連帯保証人の相続人に、連帯保証人の相続開始後に生じた賃料債務についても保証の責任を負わせるのか、それとも、改正法（４６５条の４第３号）の文言どおり、連帯保証人の死亡によって保証額が確定する結果、連帯保証人の死亡後の賃料債務ついては責任を負わせないのか、注目すべき論点なのかもしれません。もし、大審院判例をそのまま維持する結論にするのであれば、法律の文言解釈からするとちょっとおかしな結論になりますので、何らかの対応が必要になるのではないかと推測されます。

●著者紹介

上町　洋（かみまち　ひろし）
㈱ＣＦネッツ・プロパティマネジメント事業部マネージャー
神奈川県横須賀市出身。
専門学校卒業後、IT 企業に SE として６年間勤務。
その後、横浜市にある不動産会社にて 17 年間勤務。
2011 年 8 月 CF ネッツに入社。
不動産業界での経験は 20 年を超え、特に投資用不動産の資産管理を得意としている。中でも的確なバリューアップ(資産価値向上)提案・空室対策は、多数の投資家オーナーより絶大な支持を得ている。現在、プロパティマネジメント事業部マネージャーとして日々業務に従事し、社員の育成にも力を発揮している。
保有資格：CPM（米国公認不動産経営管理士）、宅地建物取引士、二級建築士、損害保険募集人資格者、生命保険募集人資格者

片岡　雄介（かたおか　ゆうすけ）
有限会社シー・エフ・ビルマネジメントリーダー
大学卒業後、不動産会社へ入社。分譲マンション販売営業に携わる。その後、賃貸仲介営業を経て、賃貸管理業務に興味を抱き、2011 年 4 月、ＣＦネッツへ入社。現在 CF ネッツの管理部門である、シー・エフ・ビルマネジメントでリーダーを務める。
保有資格：貸金業務取扱主任者、職業紹介責任者、宅地建物取引士、ビジネス実務与信管理検定

世戸　孝司（せと　たかし）
1983 年 3 月 広島学院高等学校卒業
1987 年 3 月 早稲田大学第一文学部卒業
1993 年 10 月 司法試験最終合格
1996 年（平成８）年 4 月 1 日弁護士登録（修習期 48 期）
弁護士歴 23 年目(2018 年(平成 30)年現在)。弁護士実務経験は、各種契約書起案・チェック、裁判実務（訴訟・民事調停・家事調停（離婚・相続）・保全・執行）、裁判外実務（交渉・法律相談）、不動産関連案件（売買・賃貸・相続）、知的財産（特許・商標・著作・不正競争等）案件、会社案件（設立業務・企業法務）、為替デリバティブ案件、債務整理案件、労働案件など。
第二東京弁護士会知的財産権法研究会幹事（現職）
元地理空間情報委員会委員（経済産業省）
元パーソナル情報検討ラウンドテーブル作業部会委員（経済産業省）

●監修者紹介

倉橋　隆行（くらはし　たかゆき）

1958年生まれ。株式会社CFネッツ代表取締役兼CFネッツグループ最高責任者であり、グループ企業18社を率いる現役の実業家。20社を超える起業に携わり、複数の事業再生案件も成功させている。

また、自ら渡米して国際ライセンスのCPM（Certified Property Manager）を日本人で初めて取得しており、現IREM-JAPANの創生に携わり、2002年の会長に就任している。また、1995年には日本で初めてPMマニュアルを出版、プロパティマネジメントの近代化に取り組んでいるＰＭ業界の第一人者でもある。

2000年に日本初の不動産コンサルタント会社ＣＦネッツを創業。不動産コンサルティング業界の第一人者であり、いまだグループ企業の創生を続けている。不動産投資から不動産全般の法律問題、相続対策、建築コンサルティング等や、不動産業者向けの経営コンサルティングやシステム開発にも携わり、抜群の成果を誇る経営コンサルタントとしても活躍中。さらに執筆活動や日本全国で講演なども行っている。不動産投資家としても著名であり、さらに「城ヶ島　遊ヶ崎リゾート」「三崎港　蔵」「六本木遊ヶ崎」「三崎港ラーメン」「伊万里ちゃんぽん」などの飲食店の経営やプロデュースもする美食家としても知られ、プロデュースした店舗がミシュランガイドに２店舗掲載されている。

テレビ出演では「ここが変だよ日本人」「ジェネレーションジャングル」「ワールドビジネスサテライト」などに出演し、最近では「大人の歩き方」「ここが知りたい不動産」にレギュラー出演し、ラジオ番組ではＦＭヨコハマ「ここが知りたい不動産」にも出演している。

著書には『賃貸トラブル110番』（にじゅういち出版）、『不動産投資、成功の方程式』『お金に困らない人生設計』『損しない相続　遺言・相続税の正しい知識』（以上、朝日新聞出版）、『プロが教えるアッと驚く不動産投資』（住宅新報社）、『やっぱり不動産投資が一番』『馬鹿に効く薬。』『生島ヒロシの相続一直線』（以上、週刊住宅新聞社）、『都市農地はこう変わる』（プラチナ出版）ほか多数。

株式会社ＣＦネッツ

●鎌倉本店
〒247-0056　神奈川県鎌倉市大船２丁目19番35号　ＣＦネッツ鎌倉ビル
TEL0467-50-0210（代表）　http://www.cfnets.co.jp/

●東京本社
〒104-0061　東京都中央区銀座１丁目13-1　ヒューリック銀座一丁目ビル７階
TEL03-3562-8820（代表）

●横浜支社
〒235-0033 横浜市磯子区杉田1-5-7K.Y.T ビルディング 1F
TEL:045-771-1205

●大阪支社
〒530-0001　大阪府大阪市北区梅田1-3-1-500号　大阪駅前第１ビル5F501-5号
TEL06-7670-1001

●名古屋支社
〒450-0002　愛知県名古屋市中村区名駅4-23-13　名古屋大同生命ビル
TEL052-446-8430

その他、日本全国にＦＣ店舗のコンサルティングデスク開設中

賃貸トラブル解決のプロと弁護士がこっそり教える

賃貸トラブル解決の手続と方法

2018年6月14日　初版発行
2019年5月24日　初版第2刷発行

著　者　上町　洋
片岡　雄介
世戸　孝司
監　修　倉橋　隆行
発行人　今井　修

印　刷　ニシ工芸株式会社
発行所　プラチナ出版株式会社
〒104-0061 東京都中央区銀座1丁目13-1 ヒューリック銀座一丁目ビル7F
TEL03-3561-0200　FAX03-3562-8821
http://www.platinum-pub.co.jp
郵便振替　00170-6-767711（プラチナ出版株式会社）

ISBN978-4-909357-19-9